Die institutionelle Entwicklung der Kinder- und Jugendpsychiatrie in Hessen ab 1900

Mabuse-Verlag
Wissenschaft 42

Ingeborg Maria Katharina Keim, geb. 1952, Medizinstudium an der Johannes Gutenberg Universität in Mainz und Approbation als Ärztin 1980. Seit 1981 am Gesundheitsamt Darmstadt als Schulärztin tätig.

Ingeborg M. Keim

Die institutionelle Entwicklung der Kinder- und Jugendpsychiatrie in Hessen ab 1900

Mabuse-Verlag
Frankfurt am Main

Die Deutsche Bibliothek – CIP-Einheitsaufnahme

Keim, Ingeborg M.:
Die institutionelle Entwicklung der Kinder- und Jugendpsychiatrie in Hessen ab 1900 / Ingeborg M. Keim. – Frankfurt am Main: Mabuse-Verl., 1999
(Mabuse-Verlag Wissenschaft ; 42)
Zugl.: Frankfurt (Main), Univ., Diss., 1999
ISBN 3-933050-17-0
NE: GT

Kasseler Str. 1a
60486 Frankfurt am Main
Tel.: 069 / 97 07 40 71
Fax: 069 / 70 41 52
http://www.oeko-net.de/mabuse/

Druck: Prisma Verlagsdruckerei, Frankfurt am Main
ISBN: 3-933050-17-0
Printed in Germany

Inhaltsverzeichnis

Einleitung

In Deutschland leben derzeit etwa 13.180.000 Kinder, Jugendliche und junge Erwachsene im Alter zwischen 5 bis 20 Jahren. An der Gesamtbevölkerung von 81.338.000 Menschen nehmen sie damit einen Anteil von 16% ein.[1]

Auf die Frage, wie groß der Anteil psychisch kranker oder psychisch auffälliger Kinder daran ist, können Daten Aufschluß geben, die 1992 bei der Auswertung der Vorsorgeuntersuchungen entstanden sind. Jedes Kind hat vom Tag seiner Geburt bis zum Einschulungsalter Anspruch auf neun Vorsorgeuntersuchungen (U1 - U9). Für die Jugendlichen wird im 13. Lebensjahr eine Vorsorgeuntersuchung (J1) zusätzlich angeboten.

Diese Untersuchungen werden von niedergelassenen Kinderärzten durchgeführt und in einem Vorsorgeheft dokumentiert. Sie dienen nicht der Behandlung akuter Erkrankungen, sondern der Früherkennung von Krankheiten, die eine normale körperliche und geistige Entwicklung gefährden.

Bei den 3,5 bis 6 jährigen Kindern wurden nach dem Datenmaterial solcher Vorsorgeuntersuchungen aus dem Jahre 1992 pro 10.000 Kinder 72,2 emotional- soziale Entwicklungsstörungen gesehen, 7,7 Anfallsleiden und 4,6 andere Erkrankungen des Nervensystems.[2]

Eine andere statistische Erhebung, die die häufigsten Ursachen einer stationären Behandlung im Kindes- und Jugendalter hinterfragte, wies auf, dass mit Ausnahme der 15 - 20 jährigen Mädchen, bei denen Erkrankungen des Urogenitalsystems am häufigsten sind, bei beiden Geschlechtern Krankheiten der Atmungsorgane, psychische Krankheiten und Krankheiten des Nervensystems und der Sinnesorgane die häufigsten stationären Behandlungsursachen sind.[3]

Das medizinische Interesse für das Fachgebiet der Kinder- und Jugendpsychiatrie entwickelte sich im 19.Jahrhundert. Neben der Oligophrenie rückten auch andere psychische Störungen in das Blickfeld der bewußten Beachtung.

---

1 Bundesminister für Gesundheit, Daten des Gesundheitswesens 1995. S.21

2 ebd. S.98

3 Casper, W., S. 345

Nicht Statistiken dienten zur Untermauerung der Forderung nach weiterer Forschung in diesem Fachbereich und einem eigenständigen Fachgebiet, sondern sorgfältige Kasuistiken, die von Erwachsenenpsychiatern, Kinderheilkundlern, Psychologen, Pädagogen oder Heilpädagogen beschrieben wurden.

Rudolf Virchow (1821-1902) entwickelte in der zweiten Hälfte des 19. Jahrhunderts die Zellenlehre weiter und begründete die „Zellularpathologie", die das Wesen der Krankheiten in Struktur- und Funktionsstörungen der Zellen sucht. Sein neues Denkkonzept veränderte die Entwicklung der Medizin, indem man versuchte, Krankheiten zu verstehen und gezielte Methoden zu ihrer Behandlung zu finden.[4]

Durch Hermann Emminghaus wurde 1887 mit seinem Lehrbuch „Psychische Störungen im Kindesalter"[5] der Blick im deutschsprachigen Bereich erstmals auf die Psychiatrie im Kindes- und Jugendalter gerichtet. Darin finden nicht nur Kinderpsychosen, sondern auch, wenn auch mit anderer Nomenklatur, die Neurosen, die Intelligenz- und Sozialisationsstörungen, die cerebralen Anfallsleiden und exogenen Psychosyndrome ihre ausführliche Darstellung.[6] Emminghaus deutet durch vergleichende Beobachtungen des gesunden und kranken Kindes die kindliche Persönlichkeit in ihrer Individualität, verstanden als Gesamtheit aller psychischen und organischen Funktionen. Dies ist in seiner vorwiegend pathophysiologisch ausgerichteten Zeit zumindest ungewöhnlich und gab der Entwicklung einer eigenständigen kinderpsychologischen und kinderpsychiatrischen Disziplin einen wesentlichen Impuls.[7]

Der Terminus „Kinderpsychiatrie" wurde dann bereits 1899 von dem französischen Psychiater M. Manheimer - Gommes in seiner Monographie „Les troubles mentaux de l'enfance" mit dem Untertitel „Précis de psychiatrie infantile" gebraucht.[8]

Die Psychoanalyse Freuds hatte dann einen tiefgreifenden Einfluß auf die Beachtung der kindlichen seelischen Entwicklung und ihrer Störungen. Die Forschung über die normale kindliche seelische Entwicklung brachte hilfreiche Erkenntnisse zur Grundlagenforschung der psychopathologischen Phänomene der

---

4 Lyons, A.S., S. 508

5 Remschmidt, H., Entwicklungstendenzen der Kinder- und Jugendpsychiatrie. S.446

6 Nissen, G., Hermann Emminghaus - ein Begründer der wissenschaftlichen Kinder- und Jugendpsychiatrie. S. 83

7 Kindt, H., S.132

8 Stutte, H., Über die Anfänge der „Europäischen Kinderpsychiatrie". S.210

Kindheit und führte zur Beschäftigung mit verschiedenen Teilgebieten der Psychopathologie des Kindesalters.[9]

Die weitere Entwicklung führte dazu, dass sich die Kinder- und Jugendpsychiatrie gegenüber der Erwachsenenpsychiatrie und Kinderheilkunde und gegenüber den Grenzgebieten wie Pädagogik, Heilpädagogik, Psychologie und Soziologie deutlicher abgrenzte. Zugleich aber blieb eine intensive Zusammenarbeit mit diesen Gebieten notwendig[10], da die Kinder- und Jugendpsychiatrie nur einen Teil der Hilfsmaßnahmen zur Beratung und Behandlung bei Problemen von Kindern und Jugendlichen in den Systemen Gesundheitswesen, Jugend- und Sozialhilfe und Bildungssystem anbieten kann.

Die vorliegende Arbeit beschreibt die Entstehung der institutionellen Kinder- und Jugendpsychiatrie in Hessen um 1900 und ihre Weiterentwicklung zu einem eigenständigen Fach, im Zuge der Entwicklung von Gesetzen, Modellprojekten und Einrichtungen des Gesundheitswesens, der Jugend- und Sozialhilfe und des Bildungssystems.

---

9 Tramer, M., Zur Entwicklung der Kinderpsychiatrie.

10 Winter, S.M.; Knölker, U., S.208

I. Institutionen für psychisch auffällige Kinder und Jugendliche

1. Emil Sioli und die Jugendabteilung an der Anstalt für Irre und Epileptische in Frankfurt am Main

Dem „Irrenarzt" und Kinderbuchautor Heinrich Hoffmann wird meist die Errichtung einer im deutschen Sprachgebiet ersten Abteilung für psychisch kranke Kinder und Jugendliche zugeschrieben. Eine solche Abteilung wurde aber erst im Jahre 1906 durch Emil Sioli eingerichtet, um die um 1900 zunehmende Zahl „jugendlicher Abnormer" altersgemäß unterzubringen. Sioli sah die besonderen Aufgaben der Großstadtpsychiatrie und wollte ein „Stadtasyl" schaffen mit den freiesten Aufnahmebedingungen und mit allen Einrichtungen einer Irren- und Nervenklinik.[11]

Emil Sioli übernahm am 1.November 1888, als 36jähriger Mann[12], die medizinische Leitung der Anstalt für Irre und Epileptische auf dem Affenstein in Frankfurt am Main. Sein Vorgänger war der durch sein Kinderbuch „Der Struwwelpeter" heute weltberühmte Arzt Heinrich Hoffmann.

Heinrich Hoffmann hatte seit dem 12. Juni 1851 die städtische „Anstalt für Irre und Epileptische" geleitet. Anfangs war diese Anstalt noch das alte „Kastenhospital" (von seiner Verbindung mit dem Almosenkasten so genannt) oder „Tollhaus", das in der Dollgasse lag. Die Planung und Erbauung einer zeitgemäßen Anstalt machte sich Hoffmann zu seiner Hauptlebensaufgabe. 1859 begann der Bau, der zusammen mit dem Architekten Pichler nach eingehenden Studien und Reisen geplant worden war, auf dem Affenstein, einer Basalthöhe nördlich der Stadt Frankfurt. 1864 wurde die für 200 Kranke ausgestattete Anstalt eröffnet. Im Herbst 1888 trat Hoffmann, fast 80 Jahre alt, in den Ruhestand.[13]

---

11 Kleist, K., S.431

12 ebd. S.430

13 Sioli. E., Necrolog Heinrich Hoffmann, S.695

Sioli lobt in seinem ersten Jahresbericht aus dem Jahre 1889 diese neugebaute Anstalt zwar wegen ihrer schönen Architektur, hält aber die innere Einrichtung mit den Einzelzimmern für nicht brauchbar und veraltet. Er führt in Frankfurt die „no-restraint“ Behandlung ein, die alle Zwangsmittel, wie Zwangsjacke und Zwangsstuhl, ablehnte.[14]

„Das Prinzip der freien Behandlung“, so Sioli, „verlangt größere Säle zur Durchführung der Bettruhe für frisch Erkrankte bei gehöriger Aufsicht. Es ist daher ein größerer Krankensaal als Wachsaal notwendig“.[15]

Er beseitigt Zellen, schafft Wachsäle, Einrichtungen für Dauerbäder, Veranden und Liegehallen und bringt so die Anstalt durch einen völligen Umbau auf zeitgemäßen Standard.[16]

1.1. „Aufnahmegründe“ in die Jugendabteilung an der „Anstalt für Irre und Epileptische“

Emil Sioli hatte die Leitung der „Anstalt für Irre und Epileptische“ zu Frankfurt am Main 1888 übernommen und sie seitdem auf einen zeitgemäßen Standard gebracht. 1908 schreibt er in seinem „Bericht über die Anstalt für Irre und Epileptische zu Frankfurt am Main vom 01. April 1906 bis 31. März 1908“ erstmals über die Jugendabteilung und erklärt die Gründe, die ihn zur Einrichtung einer solchen Abteilung bewogen haben:

„Der ‘Allgemeine Almosenkasten’ ist eine ‘öffentlich milde Stiftung’, ab 1735 auch ‘Kastenamt’ genannt. Bis 1780 führte die Anstalt die Bezeichnung ‘Tollhaus’. Von 1780 bis 1833 den Namen ‘Kastenhospital’. Die im Jahre 1819 errichtete ‘Anstalt für Epileptische’ gehörte verwaltungsmäßig, wie das Kastenhospital, zum Allgemeinen Almosenkasten, wurde jedoch bis 1833 als eine gesonderte Anstalt geführt. 1834 wurden beide Anstalten zur ’Anstalt f. Irre und Epileptische’ vereint und unterlag nicht mehr der Verwaltung des Allgemeinen Almosenkastens.“ zitiert nach Braum,D.

14 Siefert, H., S.15

15 ebd. S.15, zitiert nach Emil Sioli aus den „Jahresberichten der Anstalt für Irre und Epileptische“, die von 1857 bis 1904 in den vom Frankfurter Ärztlichen Verein herausgegebenen „Jahresberichten über die Verwaltung des Medizinalwesens, die Krankenanstalten und die öffentlichen Gesundheitsverhältnisse der Stadt Frankfurt am Main“ erschienen sind.

16 Kleist, K., S.431

„Äußere Umstände mannigfacher Art haben es mit sich gebracht, dass die große Mehrzahl der Geisteskranken kindlichen Alters nicht in Irrenanstalten aufgenommen, sondern in den sogenannten Idiotenanstalten mehr oder weniger zweckmäßig verpflegt, oder in den Fällen, wo Krampfzustände unter den Krankheitssymptomen voranstehen, in Epileptikeranstalten untergebracht wird. Nur diejenigen Fälle, welche durch Erregungszustände, Wahnideen, Sinnestäuschungen etc., auch den Laien als 'irrig' erscheinen und in den letztgenannten Anstalten nicht angenommen werden, kommen in Irrenanstaltsbehandlung."[17]

Sioli beobachtete, dass eine „weitere offenbar nicht unbeträchtliche Gruppe von geistig erkrankten Kindern größtenteils außerhalb psychiatrischer Beobachtung und Behandlung sei, nämlich alle diejenigen, welche ohne ausgesprochen idiotisch oder epileptisch zu sein, vor allem durch Schwierigkeiten bei der Erziehung sich bemerkbar machen: die von krankhaften Trieben beherrscht werden, die durch nichts belehrbar erscheinen, in denen moralische Empfindungen und Grundsätze anscheinend nicht zu erwecken sind, die daher bald mit ihrer Umgebung, besonders der Schule gegenüber, in Konflikte kommen, welche öfters zu gerichtlichen Verhandlungen führen."[18]

Obwohl sie aus der Sicht des Psychiaters einer medizinischen, psychiatrischen Behandlung zugeführt werden sollten, bleiben sie „meistens einer pädagogischen Behandlung unterworfen und werden, wenn sie aus zahlungsfähigen Familien stammen, privaten Erziehungsanstalten (Internaten, Heilpädagogien) oder geeignet erscheinenden Persönlichkeiten (Pfarrer, Lehrer) übergeben. Sind sie in bescheideneren Verhältnissen geboren, so bleiben sie eine Last und Gefahr in den öffentlichen Schulen, falls nicht ein Fürsorgeerziehungsverfahren - oft im Anschluß an gerichtlich strafbare Handlungen - ihnen den Weg in eine öffentliche, meist private mit öffentlichen Mitteln unterstützte Besserungsanstalt öffnet."[19]

Die Verhältnisse in Frankfurt am Main waren so, dass „bei dem Charakter der hiesigen Anstalt als Stadtasyl mit einfachen Aufnahmebedingungen und bei dem Bestehen der Abteilung für epileptische und Nervenkranke ihr öfter zur vorübergehenden Pflege auch Idiotiefälle, jugendliche Epileptiker und akute

---

17 Sioli,E., zitierter Bericht, S.36

18 ebd. S.37

19 ebd. S.37

Nervenkrankheiten zur Behandlung überwiesen wurden; doch war ihre Zahl stets nur eine geringe."[20]

Sioli stellt im Laufe der Jahre fest, dass sich die Anzahl der Aufnahmen von Kindern bis 14 Jahren erheblich vermehrte, und legt dies anhand einer Zusammenstellung[21] dar:

1900	3 Knaben	0 Mädchen
1901	4 Knaben	0 Mädchen
1902	7 Knaben	3 Mädchen
1903	3 Knaben	1 Mädchen
1904	5 Knaben	6 Mädchen
1905	5 Knaben	9 Mädchen
1906	13 Knaben	10 Mädchen
1907	16 Knaben	7 Mädchen
	56 Knaben	36 Mädchen

Zum Krankheitsspektrum dieser Kinder und Jugendlichen erläutert er, dass er diese Kranken nach klinischen Gesichtspunkten in drei Gruppen einteilt, von denen die erste die Fälle von schwerem angeborenem Schwachsinn (Idiotie), von heftiger Epilepsie und organischen Hirnkrankheiten (Paralyse) umfaßt, die zweite akute heilbare nervöse Störungen (insbesondere Veitstanz, Erschöpfung) einschließt und eine dritte die Fälle leichteren Schwachsinns, nervöser Konstitution und Entartung, oft mit dem Symptom der Moral insanity, in sich vereinigt. So ergibt sich folgende Tabelle:

	Knaben	Mädchen
Schwere Zustände	14	20
Akute Störungen	4	4
Associativer Schwachsinn, psychopathische Konstitutionen	38	12
Summa	56	36

Nach Sioli ist die dritte Gruppe bei den Knaben ganz erheblich in der Überzahl, und er meint, dass hauptsächlich „durch die Aufnahme dieser Gruppe das

20 ebd.S.37

21 Sioli,E., Bericht über die Anstalt für Irre und Epileptische zu Frankfurt am Main vom 1. April 1906 bis 31. März 1908. S.37

Anwachsen der Kinderaufnahmen verursacht wird".[22] Er schlüsselt dann die Kinderaufnahmen der Jahre 1906 und 1907 nach den drei Krankheitsgruppen auf und zeigt damit, dass in diesen beiden Jahren „ein auffälliges Anwachsen der dritten Krankheitskategorie eingetreten ist".

Sioli sieht die Gründe dafür in folgenden Umständen:

„Durch die für die Frankfurter Schulen allgemein eingeführte Institution der Schulärzte wird bei Lehrern und Eltern einer naturwissenschaftlich-medizinischen Betrachtungsweise sonst nur moralischer Beurteilung unterliegender Erscheinungen des kindlichen Seelenlebens Eingang verschafft und irrenärztliche Beobachtung angeregt haben, wie uns von mehreren Fällen sicher bekannt ist. Ferner ist es die Zentrale für private Fürsorge, deren auch von ärztlichen Sachverständigen beratene Leitung sich besonders der gefährdeten Kinder annimmt, und öfters Veranlassung findet, bevor sie weitere Fürsorgemaßregeln trifft, eine psychiatrische Begutachtung einzuholen, und drittens gibt das Gesetz über die Fürsorgeerziehung Minderjähriger vom 2. Juli 1900 dem Vormundschaftsgericht in zunehmender Häufigkeit Anlaß, den Geisteszustand der Kinder untersuchen zu lassen, was in der Form einer vorläufigen Unterbringung zur Fürsorgeerziehung nach § 5 des Gesetzes geschehen kann. Es sind nicht weniger als 21 Begutachtungen im Fürsorgeerziehungsverfahren (18 bei Knaben, 3 bei Mädchen) von der Anstalt erstattet worden, während in strafrechtlichen Verfahren (§ 51 und § 56 des Strafgesetzbuches) nur 3 Fälle (Knaben) in demselben Zeitraum vorkamen. Ob die seit Anfang dieses Jahres in Frankfurt am Main bestehende Einrichtung des Jugendgerichtes eine Zunahme dieser Fälle - wie bereits der im Alter von 14 - 18 Jahren stehenden strafrechtlich Minderjährigen uns zur Beobachtung Eingewiesenen - zur Folge haben wird, ist augenblicklich noch nicht zu übersehen".[23] Sioli sieht, dass hier neben der rein medizinischen Behandlung eine pädagogische angezeigt ist und neben der Heilbehandlung der Schulunterricht nicht vernachlässigt werden kann. „Sie wurden der Anstalt übergeben in dem Vertrauen, dass die Anstalt zu einer Beseitigung dieser Triebe hinarbeiten könne, also zu längerem Aufenthalt".[24]

[22] ebd. S.38

[23] Sioli, E., Bericht über die Anstalt für Irre und Epileptische zu Frankfurt am Main vom 1. April 1906 bis 31. März 1908. S.38 f.

[24] Sioli, E., Denkschrift betreffend die Jugendabteilung an der Anstalt für Irre und Epileptische zu Frankfurt am Main. S.4

Zur Betreuung psychisch kranker Kinder und Jugendlicher standen demnach drei Arten von Institutionen zur Verfügung: die „Irrenanstalten“, die „Idiotenanstalten“ und die „Epileptikeranstalten“. Nur wenn die „Geisteskranken kindlichen Alters“ auch dem medizinischen Laien „irrig“ erschienen, kamen sie in Irrenanstaltsbehandlung.

In Frankfurt allerdings bestand diese Trennung nicht, da Sioli von Beginn seiner ärztlichen Tätigkeit an für eine Anstalt mit freien Aufnahmebedingungen, im Sinne eines Stadtasyls, für alle Gruppen von Geisteskranken eingetreten war.

Außerhalb der psychiatrischen Diagnostik und Therapie standen aber nach Siolis Beobachtung die Kinder und Jugendlichen mit „erziehlichen Schwierigkeiten“, die bisher nur einer pädagogischen Therapie unterzogen wurden oder in Besserungsanstalten landeten, obwohl sie aus Siolis Sicht einer psychiatrischen Behandlung zugeführt werden sollten.

Ab 1900 wird diese Gruppe von Kindern und Jugendlichen der Anstalt in Frankfurt zunehmend zugewiesen. Sioli bringt dieses veränderte Zuweisungsverhalten einerseits in Zusammenhang mit der neu eingeführten Arbeit der Schulärzte. Durch sie erhalten die Lehrer und Eltern eine ärztliche Einschätzung kindlichen Fehlverhaltens und werden dazu gebracht, eine irrenärztliche Beobachtung der auffällig gewordenen Kinder und Jugendlichen anzustreben.

Andererseits werden in die Anstalt immer mehr Kinder und Jugendliche von der Zentrale für private Fürsorge oder dem Vormundschaftsgericht eingewiesen, um eine psychiatrische Begutachtung durchzuführen, bevor über weitere Maßnahmen beschlossen wird.

1.2. Aufnahmeverfahren

In der „Denkschrift betreffend die Jugendabteilung an der Anstalt für Irre und Epileptische zu Frankfurt am Main“ aus dem Jahre 1909, berichtet Sioli dem Pflegeamt[25] über die Jugendabteilung an der Anstalt.

Neben seinen Ausführungen über die Organisation der Jugendabteilung, erläutert er die Zuständigkeiten der verschiedenen Behörden für ein psychisch krankes Kind und seine Sichtweise eines sinnvollen Aufnahmeverfahrens.

Gesetzliche Grundlage des Aufnahmeverfahrens ist das Fürsorgegesetz „welches sich bemüht, der Verwahrlosung und dem frühzeitigen Verbrechertum der Jugend entgegen zu arbeiten“. Dieses Gesetz bestimmt, dass „frühzeitig verwahrloste Kinder den Landesbehörden zu geeigneter Erziehung zu übergeben sind“. Die Ortsarmenverbände bemühen sich deshalb einen Gerichtsbeschluß zu erwirken, um alle „ihre jugendlichen Verwahrlosten, sowohl die bereits sittlich verdorbenen als auch die sittlich gefährdeten jugendlichen Individuen den Landesbehörden zu überweisen“. Eine sittliche Verwahrlosung wird nach der Beobachtung Siolis von den Amtsgerichten dann angenommen, wenn „bei dem Jugendlichen die gesetz- oder moralwidrige Handlung aus einem verhältnismäßig normalen und gesunden Zustand hervorgegangen ist. Wenn aber ein krankhafter Zustand als Grundlage der Handlungen festgestellt worden ist und wenn demzufolge mehr eine ärztliche Pflege als eine einfache Erziehung notwendig ist, so wird für gewöhnlich die Fürsorgeerziehung abgelehnt und der Jugendliche der Ortsbehörde überwiesen.“[26]

Das Gericht kann die vorläufige Unterbringung eines Kindes in Fürsorgeerziehung und die Einweisung in eine Anstalt im Rahmen des Fürsorgeerziehungsverfahrens anordnen und kann bestimmen, dass dort zugleich der Geisteszustand des Kindes bestimmt werden soll. Sioli plädiert an dieser Stelle dafür, dass die Kinder und Jugendlichen, bei denen ein krankhafter Zustand als Grundlage der Handlungen festgestellt worden ist, nicht von der Ortsarmenbehörde ohne weitere Fürsorge laufen gelassen werden, nur weil sie nicht vom Landeshauptmann in die Erziehungsanstalt überwiesen worden sind. Denn „die-

[25] Das Pflegeamt ist die für die Anstalt zuständige Verwaltungsbehörde. Diesem Amt legt Sioli seine Denkschrift in „Ausführung von §67 der Sitzung vom 21. Dezember 1908“ vor und berichtet über die Entstehung, Entwicklung und die Organisation der Jugendabteilung.

[26] Sioli,E., Denkschrift, S.7.f

se Fälle bedürfen noch viel intensiver einer sorgfältigsten Obsorge und Behandlung. Sie müssen wegen ihrer Unzurechnungsfähigkeit bei ihren Handlungen und wegen der enormen Neigung zur Rückfälligkeit sogar als höchst anstaltspflegebedürftig für ihre Umgebung bezeichnet werden.“[27]

Dem Armenamt hält Sioli vor, dass es sich von der Irrenanstalt vor 20 Jahren eine sofortige und unbürokratische Aufnahme von Kranken aus Krankenhäusern und Familien gewünscht hätte, während es jetzt mit dem Argument gegen die Jugendabteilung spräche, „früher hätte auch niemand an eine Einweisung dieser Personen in eine Irrenanstalt gedacht“. Fortfahrend meint er, dass „es außerordentlich kleinlich sei, diese Fragen, weil sie neu sind, oder weil sie die Ortsarmenverbände auf neue Gebiete führen, oder auch zu gewissen neuen Aufgaben nötigen, einfach zu verneinen.“[28]

Auch wehrt sich Sioli gegen die Einmischung von Ämtern in seine Entscheidung über die Notwendigkeit der stationären Aufnahme eines Patienten in seine Anstalt. Er formuliert die Bedingungen des Bestehens einer Jugendabteilung und einer Beobachtungsstation folgendermaßen:

1. Nur der Anstaltsarzt hat die Befugnis, über die Aufnahme zu bestimmen
2. Wenn nicht von anderer Seite Zahlung für die Aufgenommenen erfolgt, so hat das Armenamt zunächst hierfür einzutreten
3. Die Begutachtungen, zu denen der Anstaltsarzt auf Erfordern stets verpflichtet ist, sind über die weiteren Massregeln über den Jugendlichen als massgebend heranzuziehen
4. Die vom Anstaltsarzt für geeignet erachteten Fälle werden bis auf weitere Notwendigkeit, die durch regelmässige Begutachtung geprüft wird, in der Jugendabteilung gehalten, sofern nicht andere Personen oder Körperschaften die Verpflichtung haben, für dieselben zu sorgen“ [29]

[27] ebd. Denkschrift, S.8
[28] ebd. S.9
[29] Denkschrift, S.10

Die Aufgaben der Jugendabteilung sieht Sioli hauptsächlich in der Begutachtung Jugendlicher, die wegen gesetz- und moralwidriger Handlungen vor Gericht stehen und über deren weiteren Lebensweg entschieden werden muß. „'Diese Moral-Insanity-Individuen' [30] bedürfen also einer sehr sorgfältigen Verwahrung, für die sich einzig und allein ein Adnex an eine Irrenanstalt darum eignet, weil hier solche Kranke auch gegen den eigenen und der Eltern Willen festgehalten werden können."[31]

Um ein Kind oder einen Jugendlichen in der Jugendabteilung beurteilen zu können, muß ihm und seinen Kollegen die dafür nötige Zeit gelassen werden. Über diese Zeitdauer, die zur Erstellung eines Gutachtens notwendig sei, könne aber nur ein Arzt befinden und Sioli fordert, dass dieses Gutachten dann aber auch maßgebend für die weitere Vorgehensweise sein solle.

Sioli bringt in der Denkschrift sehr deutlich seinen Unmut gegenüber den Ämtern, insbesondere dem Armenamt zum Ausdruck, das „ja hauptsächlich die Nichtbelastung der Stadt durch überflüssige Kosten erstrebt". Damit werden seinen ärztlichen Bemühungen in der Fürsorge um psychisch kranke Kinder und Jugendliche immer wieder bürokratische Hürden und Hemmnisse auferlegt, worin Sioli ein Einmischen der unverständigen Ämter in seine ärztliche Kompetenz sieht.

Sioli versucht die Neuheit seiner kinder- und jugendpsychiatrischen Arbeit und sein Versorgungskonzept zu erklären und räumt ein, dass sich „erst allmählich eine gewisse Übung bei den Gutachtern und ein gegenseitiges Verständnis zwischen Gericht, Armenamt und Gutachter anbahnen könne". Nur durch eine ärztliche Begutachtung auffälliger Kinder und Jugendlicher und ärztliche Anordnung zur stationären Behandlung, könne „einer Verzettelung der jetzt überall hervortretenden Fürsorgebestrebungen für jugendlich Abnorme vorgebeugt werden". In der Zusammenarbeit mit den Amtsgerichten wurde den kinder- und jugendpsychiatrisch tätigen Ärzten deutlich, dass „für den Richter sich die Frage der Fürsorgeerziehung auch bei krankhaften Individuen dahin zuspitzt, ob in der Weiterentwicklung des Jugendlichen die ärztliche Pflege oder die Erziehung vorzuwiegen hat."[32]

---

[30] Als „Moral-Insanity-Individuen" werden von Sioli die Kinder und Jugendlichen mit „antisozialen Trieben" bezeichnet.
Denkschrift, S.4 f.

[31] ebd. S.8

[32] Zitate in diesem Absatz aus der Denkschrift, Sioli, E., S.13 f.

1.3. Struktur der Jugendabteilung

Die Jugendabteilung an der Anstalt für Irre und Epileptische zu Frankfurt am Main wurde im Jahre 1906 von dem Anstaltsleiter Emil Sioli eingerichtet, um Kinder ab dem 3. Lebensjahr und Jugendliche bis zum 14. Lebensjahr medizinisch-psychiatrisch zu versorgen und um Kinder und Jugendliche mit „antisozialen Trieben“ medizinisch - psychiatrisch und pädagogisch zu behandeln.

Die Aufenthaltsdauer dieser Patienten war sehr unterschiedlich. Einige Patienten wurden nach einer Zeit der Beobachtung und Diagnostik in Idiotenanstalten, Pflegeanstalten und Erziehungsanstalten oder auch zurück in die Familien überwiesen. Andere Patienten verblieben Monate bis Jahre in der Anstalt, wenn „eine medizinische Behandlung noch Nutzen und Besserung versprach“.

Die Kinder und Jugendlichen mit „antisozialen Neigungen“ wurden der Anstalt übergeben in dem Vertrauen, dass „die Anstalt zu einer Beseitigung dieser Triebe hinarbeiten könne“. Neben der „rein medizinischen Behandlung war also hier eine pädagogische angezeigt“. Es stellte sich jedoch sehr bald „als für beide Teile nachteilig heraus, zwei oder drei Jugendliche zwischen andere Geisteskranke zu legen“. Die Kinder wurden einerseits durch die Anfälle und Zustände der Erwachsenen in „übelster Weise“ beeinflußt, aber auch die Erwachsenen wurden durch die „Unruhe und Lebhaftigkeit der Kinder gestört und gereizt“. Um eine für diese Altersgruppe geeignete Anstaltsunterbringung zu schaffen, mußte eine „räumlich vollständig von der übrigen Anstalt getrennte Jugendabteilung“ eingerichtet werden und zwar „sowohl der Wohn- und Schlafraum, als auch der zugehörige Garten und Bewegungsraum“. Dafür geeignet erschien die beiderseits der Anstalt befindliche alte Döcker´sche Baracke[33] samt dem dazugehörigen Garten, die dann ab 1906 ausschließlich als Kinderabteilung, für Jungen und Mädchen getrennt, genutzt wurde.[34]

Es ergab sich dann, dass auch innerhalb der Abteilung eine Einteilung vorgenommen werden mußte, denn es mußten „die als schwerere Nervenkranke zu bezeichnenden Fälle von den Kindern mit antisozialen Trieben, die wir kurz als

---

[33] Die Döcker´sche Baracke ist eine nach dem dänischen Rittmeister Döcker benannte zerlegbare und transportable Baracke, die von ihm 1885 entwickelt wurde. Die Wände und das Dach der Baracke bestehen aus besonders präparierten, wetterfesten, durch isolierende Luftschichten getrennte Papptafeln. Zitiert nach: Der große Brockhaus, Bd.2, Leipzig: Brockhaus, 1929.

[34] Vorstehende Zitate aus Sioli, E., Denkschrift.

Moral Insanity bezeichnen wollen, tunlichst getrennt werden, da die letzteren stets zu Übergriffen neigen und nur durch eine stetige strenge Überwachung gezügelt werden können".

Für den Schulunterricht mußten mehrere Unterrichtsabteilungen eingerichtet werden, um einen altersgerechten Unterricht anbieten zu können und „gruppenweise sowohl die notwendige Beschäftigung als auch der Unterricht durchgeführt werden kann". Aus organisatorischen und wirtschaftlichen Gründen mußte dafür in der Jugendabteilung eine Mindestzahl von 12 bis 15 Kindern untergebracht sein.[35]

Die Schule untersteht „dem für die gesellige Unterhaltung der Anstaltspensionäre tätigen Kandidaten der Philologie (resp. Theologie), welcher in zwei, zeitweise auch drei Abteilungen den Kindern einen täglichen 2-3 stündigen Unterricht in den Elementarfächern gibt".

Aus der Mitarbeit des Lehrers gewinnt Sioli auch diagnostische Hilfen, insbesondere „für die nur zu Beobachtungszwecken eingewiesenen Kinder", um aus dem Verhalten des Kindes im Umgang mit schulischen Anforderungen, „neben den sonstigen irrenärztlichen Untersuchungsmethoden der Beurteilung seines Geisteszustandes", wesentliche Unterlagen geliefert zu bekommen und zu der Frage, „was mit dem Kind zu geschehen hat, sicherere Antwort zu finden geeignet ist".[36] In den übrigen Tagesstunden wird durch entsprechendes Personal eine Beschäftigungstherapie angeboten.

Die ärztliche Versorgung der Kinder und Jugendlichen wird durch einen „Stab wohlausgebildeter, spezialistisch eingearbeiteter Ärzte" vorgenommen.[37]

Sioli hat seiner Jugendabteilung eine auch nach heutigem Standard gut auf die Bedürfnisse psychisch kranker Kinder und Jugendlicher ausgerichtete Struktur gegeben. Er arbeitet mit einem interdisziplinären Team, mit einem auf den einzelnen Patienten bezogenen Behandlungskonzept.

---

[35] Vorstehende Zitate aus Sioli, E., Denkschrift.

[36] Zitiert nach Sioli, E., Bericht über die Anstalt für Irre und Epileptische zu Frankfurt am Main (1906-1908). S.39 f.

[37] Zitiert nach Sioli, E., Denkschrift, S.14

1.4. Behandlung

Zur Behandlung der psychisch kranken Kinder und Jugendlichen „dienen zunächst die üblichen medizinischen Mittel, sowie die ganze hydriatische Methode, Bäder, Packungen etc., endlich nach Bedarf Bettruhe, die unter Umständen, namentlich bei schweren Fällen von Entweichungstrieb, auf längere Zeit auszudehnen und durch systematische Bewegung zu unterbrechen ist. Im weiteren Verlauf hat dann einzutreten: sowohl der Schulunterricht, als auch in den übrigen Tagesstunden eine fortwährende individuelle Beaufsichtigung und Beschäftigung mit Spielen und Bewegung im Freien, Gartenarbeit, Blumenzüchterei, Holzschnitzerei, Papparbeiten und kleine Hand-beschäftigungen". Erreicht werden soll dadurch, dass „unter Vermeidung aller Zwangsmaßregeln durch medizinische Behandlung sowohl die krankhaften allgemein nervösen Störungen, als auch die krankhaften gefährlichen und antisozialen Triebe" bekämpft werden sollen und durch „fortwährende Ablenkung, Beschäftigung und Unterricht" der Geist auf langsamem Eingewöhnungsweg mit gesundem Arbeitsstoff versehen wird.[38] Die Therapie durch Beschäftigung oder durch Arbeiten hat einen hohen Stellenwert, um „den Äußerungen ihres krankhaften Trieblebens, insbesondere dem Vagabundieren, durch sorgfältig beaufsichtigte und in ihrer Wirkung ärztlich überwachte Beschäftigung" ablenkend entgegenzuarbeiten, ohne dass „auch bei diesen Kindern die Kräftigung des Organismus durch alle hygienischen und medikamentösen Hilfsmittel vernachlässigt würde".

Sioli erkennt die Notwendigkeit der interdisziplinären Zusammenarbeit in der kinder- und jugendpsychiatrischen Tätigkeit, denn „erst die Verbindung von ärztlicher und pädagogischer Tätigkeit, welche unter voller Berücksichtigung der krankhaften Schwächen die vorhandenen geistigen Anlagen zu fördern sich bemüht, ist es zu verdanken, dass selbst Fälle, bei denen alle früheren Erziehungsversuche fehlgeschlagen waren, noch zu befriedigenden Resultaten führten."[39]

In einem Bericht über die Jugendabteilung aus dem Jahre 1910 wird festgestellt, dass die Behandlung der Kinder im Laufe der Jahre keine wesentliche Änderung erfahren habe, aber es wurde „immerhin versucht, die durch serologi-

---

38 ebd. S.6

39 Sioli, E., Bericht über die Anstalt für Irre und Epileptische vom 1. April 1906 bis 31. März 1908. S.40

sche Untersuchung ermöglichte Feststellung ererbter Syphilis auch therapeutisch nutzbar zu machen. Die Lehrmittel wurden ergänzt, die Beschäftigungsmethoden erweitert und der körperlichen Entwicklung und Gewandtheit durch Turnen und Spielen im Freien aufzuhelfen gesucht."[40]

Sioli behandelte seine erwachsenen Patienten nach dem Grundsatz der freien Behandlung, ohne Anwendung von Zwang. Die individuelle Behandlung seiner Patienten war ihm überaus wichtig, Behandlungsschablonen kannte er angeblich nicht.[41]

Die Organisationsstruktur der damaligen psychiatrischen Anstalt machte es möglich, dass der Anstaltsleiter Sioli ihr eine persönliche Prägung gab. So hielt Sioli in der Behandlung erwachsener Patienten viel von unterhaltender Ablenkung. Er organisierte zum Beispiel Gartenfeste, Ausflüge und Tanzstunden und nahm meist auch an solchen Unternehmungen persönlich teil, um dann aus dem Verhalten der Patienten „diagnostische und prognostische Schlüsse ziehen zu können".[42]

Zur Behandlung psychiatrischer Krankheiten galten Sioli „Sonne, Luft und Wasser als Hauptheilfaktoren und er wurde nicht müde darauf hinzuweisen, welche Erfolge man hiermit ohne alle Medikamente bei ausreichender Kost gegenüber geschwächten Nerven erziele".

In diesem Sinne behandelt Sioli auch die psychisch kranken Kinder und Jugendlichen und erzielt mit seinem freien und individuellen Behandlungskonzept, aber wohl auch durch seine persönliche Ausstrahlung, seinen väterlichen Führungsstil und seine „starke Verantwortungsfreudigkeit", Behandlungserfolge.[43]

---

40 Sioli, E., Bericht über die Anstalt für Irre und Epileptische vom 1. April 1908 bis 31. März 1910. S.30

41 Raecke, J., Emil Sioli. S.143

42 ebd. S.144

43 ebd.

1.5. Aufenthaltsdauer und ambulante Bindung an die Anstalt

Die Aufenthaltsdauer der Kinder und Jugendlichen in der Jugendabteilung richtete sich nach den der Einweisung zugrunde liegenden Krankheitsproblemen. Nach der klinischen Zuordnung der Kinder in eine von drei Krankheitsgruppen, wurde über das weitere Vorgehen entschieden.[44]

Die Krankheitsgruppen waren:
Gruppe I: schwere Zustände,
Gruppe II: akute Störungen,
Gruppe III: associativer Schwachsinn, psychopathische Konstitution,

Kinder aus der Gruppe I waren oft nur über einige Wochen, was damals als kurz bezeichnet wurde, in der Jugendabteilung. Andere Kinder und Jugendliche wurden „erst nach mehrjährigem Aufenthalt in der Jugendabteilung - in die Familie, eine Lehrstelle oder eine Erziehungsanstalt zurückversetzt".[45] Sioli betonte, dass es „selbstverständlich sei, dass Kinder, welche an unheilbarer Idiotie oder Epilepsie leiden, dann von uns so schnell als möglich in die hierfür geeigneten Pflege- und Erziehungsanstalten geschickt werden und dass andererseits solche Kinder, bei welchen nicht eigentliche krankhafte Zustände, sondern schlechte Gewohnheiten oder Erziehungsfehler bei übrigens normaler Geistesfähigkeit vorliegen, in die hierfür gehörigen Erziehungsanstalten geschickt werden".[46]

Für die Gruppe III, der meist schulpflichtigen Kinder und Jugendlichen, ist meist ein längerer, meist mehrjähriger Aufenthalt in der Anstalt notwendig, da hier neben medizinischen Behandlungen auch pädagogische und erziehende Maßnahmen durchgeführt werden müssen.[47]

Die „Abnormitäten auf moralischem Gebiet" sind nach Meinung Siolis „zu einem erheblichen Teile durch eine erbliche Veranlagung bedingt, indem sie bei Kindern trunksüchtiger, epileptischer, geisteskranker, syphilitischer Eltern vorkommen und durch ihre Hartnäckigkeit, und die völlige Unmöglichkeit sie

---

[44] Zitiert aus dem Bericht über die Anstalt für Irre und Epileptische vom 1. April 1906 bis 31. März 1908. S.38

[45] ebd. S.40

[46] Sioli, E., Denkschrift. S.6

[47] Sioli, E., Bericht über die Anstalt für Irre und Epileptische vom 1. April 1906 bis 31. März 1908. S. 40

durch einfache pädagogische Mittel wie Belehrung, Unterricht oder Strafen zu beseitigen, sich als tief eingewurzelt und als krankhaft erweisen. Auch kommen sie regelmäßig mit anderen nervösen, krankhaften Erscheinungen zusammen vor". Kinder und Jugendliche die dieser „Kategorie" zugeordnet worden sind, „bedürfen noch viel intensiver einer sorgfältigsten Obsorge und Behandlung. Sie müssen wegen ihrer Unzurechnungsfähigkeit bei ihren Handlungen und wegen der enormen Neigung zur Rückfälligkeit sogar als höchst anstaltspflegebedürftig für ihre Umgebung bezeichnet werden."[48]

Mit Zufriedenheit berichtet Sioli, dass „die Jugendlichen alle, wenn sie eine Zeitlang hier sind, gerne in der hiesigen Abteilung bleiben und durch die fortgesetzte Überweisung am ehesten vor Rückfall und antisozialen Gewohnheiten und vor Verkehr mit gefährlichen Elementen bewahrt werden können. Aus dieser Erfahrung meint Sioli fordern zu können, dass „sich also der Modus eines Vertrags mit dem Armenamt oder dem Landeshauptmann finden lassen muß, dass die Jugendlichen unter verbilligteren Bedingungen noch in der Anstalt bleiben und von hier aus ihre Lehre besuchen, so gut wie schon jetzt eine Reihe von ihnen zum Konfirmationsunterricht geht".[49]

In einem Bericht über die Jugendabteilung aus dem Jahr 1908, kann über eine Gruppe von 15 Knaben aus der Krankheitsgruppe III berichtet werden, die seit länger als einem Jahr in die Familie oder eine Arbeitsstelle entlassen worden sind und von denen „bisher keine Rückfälle in ihre moralwidrige Handlung zu unserer Kenntnis gekommen ist". Über diese Jugendlichen gibt es „in der Mehrzahl sogar Nachricht, die ihr gutes Verhalten in der Außenwelt bestätigen".[50]

Von besonderem wissenschaftlichen Interesse ist es natürlich für die ärztliche Gruppe um Sioli, „die Schicksale der aus der Anstalt entlassenen Kinder zu verfolgen, um daraus wissenschaftlichen wie praktischen Nutzen zu ziehen". Die Ärzte wissen, dass es „eine Reihe von Jahren braucht, um eine ausreichende Erfahrung darüber zu gewinnen, wie die verschiedenen Formen der psychopathischen Erscheinungen des Kindesalters im weiteren Verlaufe, besonders im Pubertätsalter, sich gestalten, wann und wie oft sie zu fortschreitenden Erkrankungen führen und in welchem Grade sie die soziale Brauchbarkeit der Individuen beeinträchtigen".

---

48 ebd. S.7 f.

49 Sioli, E., Denkschrift. S.12

50 Sioli, E., Bericht über die Anstalt für Irre und Epileptische vom 1. April 1906 bis 31. März 1908. S.41

Die enge Bindung, die die Kinder und Jugendlichen in der Zeit ihres Anstaltsaufenthaltes zur Jugendabteilung aufgebaut haben zeigt sich daran, dass „eine ganze Reihe von solchen Kindern, die in die eigenen oder Pflegefamilien entlassen wurden, sich freiwillig der weiteren Anstaltsaufsicht unterstellen, indem sie, selbst solche, die schon der Schule entwachsen sind und in oder bei Frankfurt in Arbeit stehen, oft, manche jeden Sonntag, in der Anstalt vorsprechen, um dort an den gemeinsamen Spielen und Beschäftigungen der Jugendlichen wieder teilzunehmen“.[51]

Der Therapieerfolg der Kinder und Jugendlichen mit „antisozialen Trieben“ kann aus der Sicht Siolis und seiner Arbeitsgruppe nur erreicht werden, wenn eine intensive pädagogische Einflußnahme möglich ist, die sich über einen mehrjährigen Zeitraum erstrecken kann. Dadurch werden diese Kinder und Jugendlichen vor erneuten Schädigungen und vor für ihre Entwicklung ungünstigen Einflußnahmen bewahrt. Die im strukturierten Rahmen einer Jugendabteilung an einer Anstalt für Irre und Epileptische durchgeführte „seelenärztliche“ Erziehungsarbeit bei psychisch kranken Kindern und Jugendlichen, führt nach der Beobachtung Siolis bei diesen Patienten zu einem Gefühl familiärer Geborgenheit, denn auch nach ihrer Entlassung kommen diese ehemaligen Patienten gerne wieder zu Besuchen in die Anstalt zurück.

Aus den vorangegangenen Ausführungen geht hervor, wie sehr die erste kinder- und jugendpsychiatrische Abteilung, die im Jahre 1906 an der Anstalt für Irre und Epileptische in Frankfurt entstand, von Sioli geprägt wurde, der in einem Nachruf als unermüdlich und temperamentvoll geschildert wird [52], mit intensiver und persönlicher Hinwendung zum Kranken.

Sioli verkörpert den Erwachsenenpsychiater und Kinderpsychiater als „Vater“[53], mit seiner erziehenden Art der Anstaltsführung und seiner besonderen Fürsorge „Ärzte und Personal zu seinen Anschauungen zu erziehen, die Verwaltung bis ins einzelne persönlich zu leiten und doch durch Vermeidung alles Kleinlichen jedem die zur Arbeitsfreudigkeit erforderliche Selbständigkeit zu gewähren. Fast täglich machte er mehrmals Visite, kannte persönlich genau jeden Kranken, war immer für Patienten und Angehörige zu sprechen. Alle ein- und ausgehenden Schreiben, auch die Briefe der Kranken, gingen durch seine

---

[51] ebd. S.31

[52] Raecke, J., Emil Sioli

[53] Müller-Küppers, M.

Hand. Jahrelang ließ er sich sogar zu jeder Aufnahme rufen. Mit allen Gutachtenfällen beschäftigte er sich eingehend, auch wenn er nicht das Gutachten persönlich erstatten wollte. So konnte er bei seiner starken Verantwortungsfreudigkeit manches in der von ihm erstrebten freien Behandlung wagen, was ohne seine genaue Kenntnis der einzelnen Kranken bedenklich gewesen wäre"[54]. Und „Unerschöpflich war Sioli im Erfinden und Vorbereiten von Unterhaltungen, die er stets gleichzeitig therapeutisch zu verwerten verstand. Alles hatte Sioli selbst bis ins kleinste zuvor eingeteilt und vorausbedacht, wie er auch dauernd Mittelpunkt des Festes blieb, dennoch aber mit Interesse das Gebaren der einzelnen beobachtete, seine Ärzte darauf hinwies und diagnostische und prognostische Schlüsse zog oder neue therapeutische Gesichtspunkte ableitete"[55]

Dieses Zitat veranschaulicht die Arztpersönlichkeit und den Anstaltsdirektor, darüber hinaus geben folgende Zeilen Einblick in die Persönlichkeit Siolis als Gesundheitspolitiker:

„Siolis Bestreben war von Anfang an darauf gerichtet gewesen, dass die Stadt Frankfurt alle ihre Geisteskranken selbst verpflegen sollte. Er hoffte auf den Bau einer zweiten ländlichen Anstalt für Chronische." Und „Eine solche Pflegeanstalt wäre bald zu füllen gewesen, man brauchte nur die vielen nach auswärts, z.T. in Ordensanstalten abgegebenen städtischen Patienten zurückzuholen. In den langwierigen Kämpfen um Durchführung dieser Lieblingsidee ist er nicht erfolgreich gewesen, weil er da auf zu zahlreiche Hindernisse stieß. Gerade der sonst großzügige Bürgermeister Adickes scheint hier mehr den fiskalischen Standpunkt vertreten zu haben, dass die Stadt sich nicht in der Irrenpflege Lasten aufbürden dürfe, zu denen sie nicht gesetzlich verpflichtet sei. So kam es schließlich zu dem von Sioli später beklagten Kompromiß, dass sich die Stadt nur mit Geldbeiträgen an der Erbauung einer neuen Provinzialanstalt beteiligte, wofür sie das Recht erhalten sollte, dorthin ihre chronischen Fälle abzuschieben. 1897 wurde die neue Nassauische Bezirksanstalt Weilmünster eröffnet, brachte aber durchaus nicht sogleich die erwartete Entlastung, weil der bureaukratische Apparat zunächst zu schwerfällig arbeitete, und die Überführungsanträge zu langsam erledigt wurden".[56]

Sioli hat damit eine für uns unverändert aktuelle Idee der wohnortnahen Versorgung psychisch Kranker nicht verwirklichen können. Auch seine Ein-

---

[54] Raecke, J., S.142

[55] ebd. S.144

[56] Raecke, J., S.146

sicht, dass „die Methode der übergroßen Anstalten unzweckmäßig sei, weil Mangel an persönlicher Übersicht das Sparen behindere, und dass mit zahlreicheren kleinen psychiatrischen Bezirkskrankenhäusern viel billiger gewirtschaftet werden könne“, fand nach Ansicht Raeckes keine weitere Beachtung.[57]

Unverändert steht auch heute die Forderung auch nach kleinen spezialisierten Einrichtungen der Kinder- und Jugendpsychiatrie, worauf die Deutsche Gesellschaft für Kinder- und Jugendpsychiatrie in ihrer Denkschrift[58] eingeht. „Die Wiedereinrichtung geschlossener Heime für jene kleine Zahl von Kindern und Jugendlichen, die ihre „Verwahrlosungskarriere“ permanent fortsetzen, primär pädagogischer Hilfen bedürfen, aber wegen des Fehlens derartiger Einrichtungen häufig in kinder- und jugendpsychiatrischen Kliniken auftauchen oder in Untersuchungshaft gelangen. Es muß gefordert werden, dass in jedem Bundesland solche Einrichtungen existieren, deren Platzzahl nicht groß sein muß, die aber verhindern können, dass Kinder und Jugendliche, die einer vorwiegend pädagogischen Führung bedürfen, in Kliniken fehlplaziert werden.“ Dazu hatte Emil Sioli 1909 geschrieben „Gerade diese Moral-Insanity-Individuen bedürfen also einer sehr sorgfältigen Verwahrung, für die sich einzig und allein ein Adnex an eine Irrenanstalt darum eignet, weil hier solche Kranke auch gegen den eigenen und der Eltern Willen festgehalten werden können“[59]

57 ebd. S.147

58 Vorstand der deutschen Gesellschaft für Kinder- und Jugendpsychiatrie. Denkschrift 1990. S.28

59 Sioli, E., Denkschrift. S.8

2. Bestandsverzeichnis der Anstalten für psychisch Kranke in der Provinz Hessen-Nassau und dem Großherzogtum Hessen zu Beginn des 20. Jahrhunderts

Einen Überblick über den Bestand an psychiatrischen Anstalten, ausgenommen der Familienpflege und kleinerer Privatanstalten, zu Beginn des 20. Jahrhunderts im deutschsprachigen Raum, gibt das Verzeichnis von Hans Laehr „Die Anstalten für Psychisch Kranke in Deutschland, Deutsch-Österreich, der Schweiz und den baltischen Ländern“ aus dem Jahr 1907. Die darin benannten Anstalten in der Provinz Hessen-Nassau und dem Großherzogtum Hessen sind im folgenden aufgelistet, um eine Übersicht über die Anzahl der Anstalten, den Ort und das Leistungsspektrum dieser Anstalten zu geben.[60] Die Auflistung lehnt sich weitestgehend an die Ausführungen von Laehr an.

Die Provinz Hessen-Nassau wurde 1868 auf Betreiben Preußens durch die Zusammenfassung der bis dahin selbständigen Staaten Hessen-Kassel, Nassau und der freien Reichsstadt Frankfurt am Main gebildet. Sie hatte Bestand bis 1944 und wurde dann unter nationalsozialistischer Regierung aufgeteilt in die zwei Provinzen Kurhessen und Nassau.[61]

Das Großherzogtum Hessen mit Residenz in Darmstadt wurde am 13.8.1806 errichtet. Am 9.11.1918 entstand daraus der Volksstaat Hessen. Nach dem zweiten Weltkrieg wurden diese Länder durch die alliierten Schutzmächte neu geordnet. Der linksrheinische Teil des Volksstaates Hessen wurde Teil der französischen Zone und später des neuen Bundesstaates Rheinland-Pfalz. Der rechtsrheinische Teil um Darmstadt wurde mit den Provinzen Kurhessen und Nassau im September 1945 zusammengeschlossen, zunächst unter dem Namen Großhessen, später Land Hessen.[62]

---

60 Laehr, H.

61 Franz, E., S.189

62 Klein, T., S.209

2.1. Anstalten für psychisch kranke Kinder und Jugendliche

Eine Spezialisierung auf die Betreuung von Kindern und Jugendlichen findet sich in dem oben genannten Verzeichnis in einer Reihe von Anstalten. Aus der Beschreibung der einzelnen Anstalten geht hervor, dass sie für „schwachsinnige, blödsinnige, schwachbefähigte, geistesschwache, geistig zurückgebliebene und epileptische“ Kinder und Jugendliche eingerichtet sind. Die im Jahre 1906 eingerichtete Jugendabteilung von Emil Sioli in Frankfurt wird nicht erwähnt. Dies könnte daran liegen, dass diese, um die Jugendabteilung ergänzten Anstaltsangaben, nicht rechtzeitig vor dem Erscheinungsjahr 1907 des Verzeichnisses vorlagen.[63]

2.1.1. Provinz Hessen Nassau

Aue
Pensionat für Schwachsinnige (Pflege und Erziehung).
Besitzer: Dr. phil. Emil Dönges in Darmstadt.
Anstaltsarzt: Geh. Medizinalrat Dr. H. Knatz in Schmalkalden.
Bestand am 31.März 1906: 90 Zöglinge (46 männlich, 44 weiblich).
1873 zu Fischhaus bei Meiningen eröffnet, 1883 nach Aue verlegt. Mehrere Häuser mit Gärten, Wiesen, Hofraum.[64]

Aulhausen
St. Vincenzstift, Bildungs- und Pflegeanstalt für geistesschwache Kinder (bis 1905 „Idiotenanstalt Marienhausen“).
Bestand 31.März 1906: 168 Kinder (106 männlich, 62 weiblich).
Eröffnet 1. April 1893. Eigentum des Bischofs von Limburg.[65]

Hofheim im Taunus
Erziehungsheim der Geschwister Frl. Georgi für geistig zurückgebliebene Kinder. 10 Plätze.[66]

---

63 Die Anstalten für psychisch Kranke in Deutschland sind alphabetisch geordnet aufgeführt.

64 ebd. S.9

65 ebd. S.9

Idstein im Taunus
Idiotenanstalt zur Erziehung schwachbefähigter Kinder, neuerdings auch zur Anleitung erwachsener Männer in verschiedenen Erwerbszweigen.
Direktor: Schwenk (Pädagoge); Anstaltsarzt (im Nebenamt): Dr. Klein.
Bestand am 31.März 1906: 195 Zöglinge (125 männlich, 70 weiblich).
Gegründet von einem Verein Frankfurter Bürger, der im Frühjahr 1888 den sogenannten Kalmenhof in Idstein ankaufte und im Hauptgebäude desselben die Anstalt am 7. Okt. 1888 mit 8 Zöglingen eröffnete.
Als Knaben- und Mädchenhaus dienen jetzt zwei 1891 und 1894 errichtete vieretagige Hauptgebäude, sowie das 1901 eröffnete Pensionatsgebäude für Kinder besserer Stände.[67]

Scheuern
Privatanstalt für Blödsinnige, Erziehungs- und Pflegeanstalt selbständig mit Korporationsrechten, bei Nassau a. d. Lahn.
Direktor: Pastor A. Otto; Hausarzt: Dr. Anthes in Nassau.
Bestand am 31. März 1906: 298 Pfleglinge (180 männlich, 118 weiblich).
Eröffnung 1. Mai 1870 im Schlößchen. 1876 Knabenhaus. Trennung der Geschlechter. 1878 Mittelbau (Verwaltung). 1880 Asyl für Bildungsunfähige. 1883 Asyl für Epileptiker und Krankenhaus. 1888 Eröffnung der Filiale Langau für ältere männliche Idioten.[68]

Treysa
Privat- Erziehungs- und Pflegeanstalt Hephata für Schwachsinnige und Krüppel.
Anstaltsleiter: Pfarrer Schuchard. Arzt: Dr. H. Küster.
Bestand am 31. März 1906: 274 Kinder (167 männlich, 107 weiblich).
Eröffnet 1893, ursprünglich Diakonissenhaus, seit 1901 mit einer Diakonissenanstalt verbunden. Mehrere Neubauten und Neueinrichtungen.
Ausbildung der Zöglinge in sechsklassiger Schule und in 8 verschiedenen Werkstätten.[69]

---

66 ebd. S.90
67 ebd. S.95
68 ebd. S.185
69 ebd. S.207

2.1.2. Großherzogtum Hessen

Darmstadt
„Alicestift", Staatsanstalt zur Erziehung und Pflege von schwach- und blödsinnigen Kindern bis zum 18. Lebensjahr.
Eröffnet 1869 durch einen Verein, der sich unter dem Protektorat der Großherzogin Alice auf Anregung des Pfarrvikars (später Redakteur) Engel gebildet hatte. 1882, als die Zahl der Zöglinge auf 100 gestiegen war, vom Staate übernommen.
Bestand 31.März 1906: 183 Zöglinge (125 männlich, 58 weiblich).[70]

Nieder- Ramstadt
Epileptische Anstalt.
Leiter: Pfarrer Weimar und Anstaltsarzt: Dr. P. Ganß.
Bestand am 31. März 1906: 100 Kranke (52 männlich, 48 weiblich).
Eröffnet am 1. Oktober 1900 vom Verein „Anstalt für epileptische Kinder und Jugendliche im Großherzogtum Hessen".[71]

2.2. Bestandsverzeichnis der Anstalten für psychisch Kranke 1907

Alle anderen Anstalten zur Versorgung psychisch Kranker in der Provinz Hessen-Nassau und dem Großherzogtum Hessen weisen keine Spezialisierung auf die Altersgruppe der Kinder und Jugendlichen auf. Sie werden jedoch folgend erwähnt, um einen Eindruck vom Gesamtangebot psychiatrischer Anstalten in dieser Zeit zu geben und weil es anzunehmen ist, dass auch in einigen dieser Anstalten Kinder und Jugendliche zusammen mit erwachsenen Kranken betreut wurden. Als Beispiel dafür, ist im Anschluß an dieses Kapitel die Geschichte eines Jugendlichen beschrieben, der in der Heil- und Pflegeanstalt Heppenheim mitten unter erwachsenen psychisch Kranken verwahrt wird. Altersgemäße Beschäftigungsangebote oder eine spezielle schulische oder berufsvorbereitende Förderung gibt es für ihn nicht.

Auch für die Anstalt in Frankfurt, unter der Leitung von Emil Sioli, ist keine spezielle Abteilung für Kinder und Jugendliche erwähnt.

---

[70] ebd. S.43
[71] ebd. S.154

2.2.1. Provinz Hessen - Nassau

Biebrich am Rhein
Sanatorium Villa Hedwig für Entziehungskuren.
Besitzer und Arzt: Dr. W. Schlegel.
Gegründet: 1900, Einrichtung für 5 Kranke. [72]

Eichberg
Landes Heil- und Pflegeanstalt für den Reg.- Bez. Wiesbaden.
Direktor: Dr. R. Snell.
Bestand 1. April 1905: 769 Kranke (409 männlich, 360 weiblich).
Eröffnet am 18. Oktober 1849 unter Dir. Dr. L. Snell für 220 Kranke, als Ersatz für die seit 1815 in der benachbarten Abtei Eberbach begründete Nassauische Landes-Irrenanstalt. 1881-85 durch Neubauten zur Aufnahme von 450 Kranken erweitert.
Kolonie Wachholderhof seit 1888. Familienpflege ca. 100 Kranke. [73]

Frankfurt am Main
1. Städtische Heil- und Pflegeanstalt für Irre und Epileptische (zur Aufnahme aller Bewußtlosen aus dem Stadtbezirk Frankfurt und zur Heilung und beschränkten Pflege von Geisteskranken, Epileptischen und Nervösen).
Direktor: Dr. E. Sioli.
Bestand am 1. April 1905: 451 Kranke (257 männlich, 194 weiblich). Seit 1775 bestand ein für die Stadt Frankfurt erbautes Hospital für Geisteskranke mitten in der Stadt. Am 23. Mai 1864 wurde mit Hilfe einer durch Freiherrn von Wiesenhütten gestifteten Summe von 100 000 Gulden die nach den Plänen des Dr. Heinrich Hoffmann vom Architekten Oskar Pichler im neugotischen Stil außerhalb der Stadt auf dem Affensteiner Felde neuerbaute Anstalt eröffnet, anfangs mit 101 Kranken belegt.

[72] ebd. S.20
[73] ebd. S.54

Seit 1880 stieg der Bestand auf über 200. Daher mußten mehrfach unheilbare Kranke in auswärtige Privatanstalten abgegeben werden.1889 wurde die Anstalt mit einem Kostenaufwand von etwa 500 000 M. umgebaut und zur Aufnahme von 300 Kranken erweitert. 1895 wurde in der Vorstadt Bornheim ein Anwesen erworben und zur Aufnahme von 45 ruhigen Kranken, vorzugsweise Epileptischen, eingerichtet. Seit 1897, mit der Eröffnung der Provinzialanstalt Weilmünster, können vertragsmäßig unbemittelte unheilbare Kranke, die bisher in Privatanstalten überführt werden mußten, nach Weilmünster verbracht werden.
1901 landwirtschaftliche Filiale in Köppern am Taunus, bei Homburg für Rekonvaleszenten und Trinker, 36 Plätze.[74]

2. Sanatorium Dr. Dornblüth.
Offene Anstalt für Nervenkranke, Bockenheimer Anlagen 2.
Besitzer und Arzt: Dr. O. Dornblüth.
Bestand am 31. März 1906: 9 Kranke (2 männlich, 7 weiblich) Eröffnet am 1. April 1900.[75]

Haina
Landes-Hospital. Pflegeanstalt für unheilbare Geisteskranke, Epileptische, Idioten, Taubstumme, Blinde männl. Geschlechts des Reg.- Bez. Kassel und der Fürstentümer Waldeck und Pyrmont.
Direktor: San.- Rat Dr. O. Scheel.
Bestand am 31.März 1906: 974 Männer (davon 163 beurlaubt).
Seit 1535 (Stiftungsurkunde des Landgrafen Philipp von Hessen vom 30. August 1533) „für arme Wahnsinnige und Preßhafte“ bestimmt, besteht die Anlage zum Teil aus dem 1524 säkularisierten, 1858 restaurierten früheren Zisterzienserkloster mit bemerkenswerter frühgotischer Hallenkirche (Anfang des 13. Jh. erbaut). An das alte Kloster gliederten sich in den nächsten Jahrhunderten vier große Gebäude an, von denen zwei 1880 abbrannten.
Umfassende Ergänzungs- und Erweiterungsbauten 1882-85, 1895. Seit 1899 zwei Neubauten. Kosten des Unterhalts größtenteils aus eigenem Vermögen, bestehend aus Kapitalien, mehreren Landgütern und 6595 ha Wald. 1 Gut mit Brauerei und Bäckerei selbst bewirtschaftet.[76]

---

[74] ebd. S.62
[75] ebd. S.62
[76] ebd. S.78

Hohe Mark im Taunus
Privatklinik für Nervenkranke und Kranksinnige.
Leiter und Besitzer: Dr. A. Friedländer.
Bestand am 31. März 1906: 33 Kranke (15 männlich, 18 weiblich).
Eröffnet im Herbst 1903. Pflege durch 14-16 Pflegerinnen (Damen der Gesellschaft) unterstützt durch 5-8 Einzelpfleger.[77]

Kiedrich
St. Valentinushaus, Privatanstalt für weibliche Epileptische,
hauptsächlich katholischer Konfession.
Arzt: Dr. F. Brühl in Eltville.
Bestand am 31. März 1905: 170 Frauen, darunter zur Zeit auch Idioten und Geisteskranke. Eröffnet 16. Juli 1886, 1889 Korporationsrechte.[78]

Marburg
Landes- Heilanstalt, kommunalständische Heilanstalt für Geisteskranke des Reg. Bez. Kassel, 15 Plätze für Heilbare aus dem Fürstentum Waldeck. Irre Verbrecher ausgeschlossen.
Direktor: ordentlicher Prof. Geh. Med.-Rat Dr. F. Tuczek.
Bestand am 1. April 1905: 323 Kranke (132 männlich, 191 weiblich).
Die Anstalt wurde 1872-75 nach dem Programm des Prof. Meyer in Göttingen durch den ständischen Baumeister Brüning zu Marburg für 250 Kranke erbaut und am 7. Juni 1876
bezogen. Die Krankenhäuser liegen frei in ihren Gärten, Gitter und Mauern sind gespart.
1897 Anbau an die Wachabteilung für ruhige Frauen.
Seit 1899 drei Neubauten: Aufnahme und Wachabteilungen 1. Für Frauen,
Für unruhige Männer, 3. Für unruhige Frauen.
Anlage von Dauerbädern. Beseitigung der „ Zellen“.
Der Direktor Ist zugleich Professor und hält klinische Vorlesungen in der Anstalt, zu welchen die Zuhörer mittels Omnibus[79] von Marburg hinbefördert werden. Die Entfernung von den Toren der Stadt beträgt 2 km.[80]

---

[77] ebd. S.91
[78] ebd. S. 104

Merxhausen
Landeshospital, Pflegeanstalt für weibliche Geisteskranke aus dem Regierungsbezirk Kassel.
Direktor: Dr. H. Schedtler.
Bestand am 31.März 1906: 758 Frauen. Dazu 44 in Familienpflege.
Das 1213 gegründete Augustinerkloster Merxhausen wurde durch den Landgrafen Philipp den Großmütigen nach der Einführung der Reformation in Hessen 1527 säkularisiert und 1533 mit drei anderen hessischen Klöstern (Haina, Gronau, Hofheim) für Geisteskranke und Sieche bestimmt. Merxhausen wurde Pflegeanstalt für Frauen und enthielt gegen 1600 fast 300 teils geisteskranke teils sieche Frauen. Im dreißigjährigen Krieg sank die Zahl auf 40, und nur langsam erholte sich die Stiftung. Rascher erfolgte der Aufschwung nach den Verwüstungen des siebenjährigen Krieges. Die Zahl der Pfleglinge um 1800 betrug ca.
200. 1801 wurde ein Honoratiorengebäude für 50 Kranke neu gebaut. 1867 wurde ein Neubau für Erregte mit 90 Betten errichtet. Anstellung eines ärztlichen Direktors 1886. Erweiterungsbau für 240 Kranke 1894. 1897 Niederlegung des Anfang 19. Jh. erbauten Krankenhauses.[81]

Montabaur im Westerwald
Caritas- Haus zur Aufnahme nicht bildungsfähiger männlicher Idioten vom 15. Lebensjahre ab.
Anstaltsarzt: Dr. P. Thewalt.
Bestand 31. März 1906: 95 Männer
Eigentum der Barmherzigen Brüder zu Montabaur. 1903 eröffnet.[82]

Nassau an der Lahn
Wasser - Heilanstalt. Insbesondere gegen Nerven- und Rückenmarkskrankheiten: Hysterie, Hypochondrie, Neurasthenie, Tabes.
Direktor und Arzt Dr. Poensgen. Seit 1856.[83]

---

79 Omnibus: zu dieser Zeit ein von Pferden gezogener zweiachsiger, geräumiger Personenwagen (teilweise zitiert aus: Der große Brockhaus, 1932.)
80 ebd. S.133
81 ebd. S.137
82 ebd. S.141
83 ebd. S.146

Neuemühle bei Kassel
Privat- Heil- und Pflegeanstalt für Nerven- und Gemütskranke.
Besitzer und leitende Ärzte: Gebrüder Dr. O. und Dr. G. Brunner.
Bestand am 31.März 1906: 36 Kranke (17 männlich, 19 weiblich)
Eröffnung 1. Januar 1897.[84]

Rinteln an der Weser
Sanatorium Parkhof, Heil- und Pflegeanstalt für Nerven- und Gemütskranke.
Arzt und Besitzer: San.- Rat Dr. E. Koch.
Bestand am 31. März 1906: 7 Kranke (3 männlich, 4 weiblich).
Eröffnet Dezember 1894.[85]

Weilmünster
Landes Heil- und Pflegeanstalt für Geisteskranke.
Direktor: Dr. E. Lantzius- Beninga.
Bestand am 31. März 1906: 849 Kranke (424 männlich, 425 weiblich).
Heil- und Pflegeanstalt für den Regierungsbezirk Wiesbaden inkl. der Stadt Frankfurt am Main
Neubau, eröffnet Oktober 1897, für 600 Kranke bestimmt.
1905 ausgebaut zur Betreuung von 1000 Kranken.[86]

Wiesbaden
Kuranstalt für Nervenleidende.
Besitzer und Leiter: Dr. E. Hecker.
Bestand am 31. März 1906: 10 Kranke (6 männlich, 4 weiblich).
Gegründet 1881 in Johannisberg; seit 1881 Wiesbaden.
Und noch drei kleinere Anstalten mit Spezialisierungen für Erwachsene.[87]

---

84 ebd. S.148
85 ebd. S.176
86 ebd. S.220
87 ebd. S.227

2.2.2. *Großherzogtum Hessen*

Alsbach bei Darmstadt
Kurhaus Schloßberg, Nervenheilanstalt mit Ausschluß von Epileptikern und erregten Geisteskranken.
Leitender Arzt und Besitzer: Dr. R. Laudenheimer.
Bestand am 31.März 1906: 22 Kranke (6 männlich,16 weiblich).
Eröffnet am 1. April 1901 als Neubau mit 11 Betten. Dazu im Frühjahr 1905 eine Rekonvaleszentenvilla mit 10 Betten.[88]

Eberstadt, Kreis Darmstadt
Provinzialpflegeanstalt der Provinz Starkenburg für Personen, die infolge unheilbarer körperlicher Gebrechen oder angeborener Geistesschwäche dauernder Pflege bedürfen. Andere Geisteskranken und Epileptiker ausgeschlossen.
Ärztlicher Direktor: Dr. C. Textor.
Bestand am 31.März 1906: 246 Kranke (149 männlich, 97 weiblich).
Eröffnet am 1. November 1903.[89]

Gießen
Universitätsklinik für psychische und nervöse Krankheiten.
Direktor: ordentlicher Prof. Dr. med. et phil. R. Sommer.
Bestand am 1.April 1905: 70 Kranke (40 männlich, 30 weiblich).
Eröffnet am 25. Februar 1896 .
Erbaut im Pavillonsystem nach Plänen des Geh. Oberbaurates v. Weltzien unter Anlehnung an einen Entwurf des Geh. Med.- Rats Ludwig zu Heppenheim. Ausbau und innere Einrichtung nach Angabe des am 1. April 1895 berufenen Prof. Sommer.
Maximalbelegzahl: 100 Plätze.
Die Klinik evakuiert in die Landesanstalten des Großherzogtum Hessen.[90]

---

88 ebd. S.3
89 ebd. S.51
90 ebd. S.68

Goddelau
Großherzoglich hessische Landes-Irrenanstalt „Philippshospital“ (bis November 1904 „Hofheim“)
Direktor: Med.-Rat Dr. R. Mayer.
Bestand am 1. April 1905: 1274 Kranke (643 männlich, 631 weiblich).
Eröffnet 1533 durch Philipp den Großmütigen für die Grafschaft Katzenellenbogen, zugleich als Siechenhaus. Nur die Kirche blieb unverändert. 1884 bis 1902 wurde die Anstalt völlig umgebaut.[91]

Heppenheim an der Bergstraße
Großherzoglich hessische Landes-Irrenanstalt.
Direktor: Med.- Rat Dr. E. Bieberbach.
Bestand am 1. April 1905: 448 Kranke (231 männlich, 217 weiblich).
Erbaut nach den Plänen des ersten Direktors Geh. Med.- Rat Dr. G. Ludwig, welcher am 1. Oktober 1897 in den Ruhestand getreten ist. Eröffnung am 2. Januar 1866. 1876, 1877, 1881, 1888 und 1890 bauliche Erweiterungen. Eröffnung einer besonderen Station für ununterbrochene Bewachung am 24. August 1870. Neubau eines für diesen Zweck bestimmten Stockwerks 1877. 1874 Gründung der „Unterstützungskasse der hessischen Landes-Irrenanstalten“ (für bedürftige, insbesondere entlassene Pfleglinge und deren Angehörige), jetzt „Hülfsverein für die Geisteskranken in Hessen“
(mit Unterstützungskasse).[92]

Lindenfels
Wasser-Heilanstalt Villa Maria zu Lindenfels im Odenwald.
Besitzer und leitender Arzt: Dr. N. Schmitt.[93]

Michelstadt im Odenwald
Kur- und Wasser- Heilanstalt mit 80 Zimmern für chronisch Kranke, namentlich Nervenleidende.
Besitzer und Arzt: San. Rat Dr. F. X. Gigglberger.[94]

---

[91] ebd. S.69
[92] ebd. S.86
[93] ebd. S.128
[94] ebd. S.140

2.3. Das Schicksal eines Jugendlichen in der Heil- und Pflegeanstalt Heppenheim am Beispiel des Erwin M.[95]

Das Schicksal eines psychisch auffälligen Jugendlichen zu Beginn des 20. Jahrhunderts läßt sich exemplarisch an der Geschichte von Erwin M. begreifen, der wegen seines auffälligen Verhaltens im Oktober 1920 in eine psychiatrische Klinik aufgenommen wird.

Erwin ist zum Zeitpunkt seiner Unterbringung in die Anstalt Heppenheim 16 Jahre alt und hat bereits drei Jahre in einer Erziehungsanstalt in München zugebracht. Er war zuerst in die Landes- Heil- und Pflegeanstalt Philippshospital in Goddelau aufgenommen und begutachtet worden, um dann mit der Diagnose „Moralische Minderwertigkeit, Haltlosigkeit“ in die Irrenanstalt Heppenheim verlegt zu werden. Die Anstalt in Heppenheim ist zu diesem Zeitpunkt mit etwa 450 Kranken belegt. Eine gesonderte Abteilung zur Betreuung psychisch kranker Jugendlicher gibt es nicht. Die Behandlung der Patienten besteht im wesentlichen aus Pflege, Verwahrung und Arbeitstherapie.[96]

Erwin kommt in einer Zeit in eine psychiatrische Klinik, die geprägt ist von den Hungerzeiten der Kriegsjahre und der Unterversorgung der Heiminsassen.

Die Diagnose in Heppenheim lautet „Psychopathie und moralische Minderwertigkeit“

In der Anstalt verhält sich Erwin höflich und zurückhaltend. Anfänglich fällt er den Ärzten lediglich durch seine lebhafte Phantasie auf. Eine Therapie, um die „moralische Minderwertigkeit“ des Jungen pädagogisch anzugehen, findet nicht statt. Erwin wird in Heppenheim nur verwahrt.[97]

Mit der Zeit wird es dem Jugendlichen in der Anstalt langweilig, denn es wird ihm außer der Mitarbeit in der Schneiderei und Gärtnerei kein Beschäftigungsangebot gemacht. Um sich zu beschäftigen, schreibt Erwin Gedichte und stilistisch gute Briefe. Auf Kosten des Vaters wird ihm Englisch- und Französischunterricht von einem Privatlehrer erteilt.

Erwin beklagt sich bei der Mutter und Großmutter, dass sie ihn in der Anstalt festhalten würden und rebelliert gegen seine trostlose Situation. Er schreibt häufig Briefe an den Anstaltsdirektor, in denen er in höflicher Sprache um Vergün-

---

95 Winter, B., S.68-75
96 ebd. S.66
97 ebd. S.66

stigungen bittet. Nach einiger Zeit fällt eine Nachlässigkeit und Verschlechterung seiner schriftlichen Ausdrucksweise auf. Gleichzeitig wird er in seinem Verhalten von den Ärzten negativer beurteilt. Er sei: „urteilslos, willensschwach, ethisch - sittlich nicht auf der Höhe, grenzenlos egoistisch und ein ganz gefährlicher Intrigant.“[98]

In Heppenheim wird dieser verhaltensauffällige Jugendliche zusammen mit erwachsenen psychisch Kranken untergebracht. Er entzieht sich schließlich dieser Maßnahme, indem er am 27. August 1921 aus der Anstalt flieht.[99]

Der Junge, der eigentlich auch im Sinne des Fürsorgesystems dieser Zeit ein „Fall“ für ein Erziehungsheim war, wurde auf Wunsch der Eltern in eine „Irrenanstalt“ aufgenommen.

So wie Erwin wurden „schwer erziehbare“ Fürsorgezöglinge nicht nur in der Anstalt in Heppenheim, sondern wahrscheinlich auch in anderen hessischen Heil- und Pflegeanstalten aufgenommen, ohne dass diese Anstalten für die Betreuung psychisch kranker Kinder und Jugendlicher geeignet waren. Es gab weder entsprechend ausgebildete Ärzte und Pflegepersonen oder eine eigene Abteilung für diese Altersgruppe, noch konnten den Kindern und Jugendlichen therapeutische Angebote gemacht werden. Sie wurden mit den erwachsenen psychisch Kranken auf Stationen untergebracht und ohne spezielle Fürsorge und Therapie verwahrt, damit sie im alltäglichen öffentlichen Leben nicht weiter auffielen.[100]

3. Anstalten für schwachsinnige, epileptische und psychopathische Jugendliche im Jahre 1912

Aus dem Jahre 1912 finden sich in dem Bildband von Pastor Stritter und Oberarzt Dr. Meltzer „Deutsche Anstalten für Schwachsinnige, Epileptische und psychopathische Jugendliche“ ausführliche Beschreibungen ausgewählter Einrichtungen.

Es wird berichtet über „alle Kategorien von Anstalten für schwachsinnige, epileptische und psychopathische Jugendliche: kleine Institute mit intimem Familiencharakter und große bis zu den größten Massenanstalten, private und öf-

---

[98] ebd. S.70
[99] ebd. S.70
[100] ebd. S.72

fentliche, konfessionelle und paritätische, komfortable Pensionate für bemittelte Kreise und milde Stiftungen, Spezial- und allgemeine Anstalten, sowohl von einzelnen Menschenfreunden, von wohltätigen Vereinen, von der christlichen Liebestätigkeit beider Konfessionen, als auch von Staat und Kommunen begründete, von Ärzten, von Pädagogen und von Geistlichen geleitete, Erziehungs-, Heil- und Pflegeanstalten, solche, die nach Möglichkeit darauf hinarbeiten, ihre Zöglinge selbständig zu machen, und Zufluchtstätten für gänzlich unsoziale Elemente.“[101]

Anliegen dieses Sammelwerkes war es, „in einem besonderen Bande die Anstalten für diejenigen psychisch Abnormen zu vereinigen, in deren zweckmäßiger Behandlung außer der ärztlichen Fürsorge das pädagogische Moment eine besonders hervortretende Rolle zu spielen hat, sei es mehr in spezialwissenschaftlicher Weise (Heilpädagogik), oder mehr durch allgemeine Fürsorgemaßnahmen, die auf die Pflege der Persönlichkeit und die Hebung auch ihres sozialen Wertes gerichtet sind.“[102]

3.1. Provinz Hessen-Nassau

In der preußischen Provinz Hessen-Nassau wird der „Christlichen Anstalt für Schwachsinnige“ zu Aue bei Schmalkalden Beachtung gegeben, wie auch dem St. Vincenzstift Aulhausen, dem staatlich konzessionierte Erziehungsheim für schwachbegabte und nervöse Kinder zu Hofheim im Taunus, der Erziehungsanstalt zu Idstein im Taunus, dem St. Valentinushaus zu Kiedrich im Rheingau, der evangelischen Erziehungs- und Pflegeanstalt für Geisteskranke und Idioten in Scheuern bei Nassau a. d. Lahn und Treysa mit den Anstalten Hephata.[103]

[101] Stritter,-; Meltzer, E., Vorwort im August 1912
[102] ebd. Vorwort
[103] ebd. S.101ff

3.2. Großherzogtum Hessen

Für das Großherzogtum Hessen wird die Anstalt für Epileptische in Nieder-Ramstadt bei Darmstadt und die Beobachtungsanstalt Steinmühle bei Homburg v. d. H. beschrieben und mit Bildern belegt.[104] Interessant ist im Zusammenhang mit der vorliegenden Arbeit die Beobachtungsanstalt Steinmühle, da sie nur ein Jahr nach der Einrichtung einer Abteilung für Kinder und Jugendliche an der Anstalt für Irre und Epileptische in Frankfurt, geplant wird und in der Nähe der Stadt Frankfurt entsteht.

3.3. Die „Steinmühle"

„Die Zentrale für private Fürsorge, der Verein Kinderschutz und die ihnen angegliederten Ausschüsse in Frankfurt am Main für die schutzbedürftige Jugend der Stadt und ihrer Umgebung" sahen ebenso wie Sioli das „Bedürfnis eine neue Anstalt zu gründen", um „schwachbefähigten Jugendlichen im Anschluß an ihre Schulzeit eine Beschäftigung zu geben. Außerdem hat der „eigentümliche Zug unserer Zeit, der in unserer Zeit auch ein sehr notwendiger und nützlicher ist, ein so starkes Interesse auf alles Anormale zu konzentrieren, eine Lücke im Versorgungswesen der Jugendlichen mit psychopathischer Konstitution klar aufgedeckt". Maßnahmen, die zur Versorgung dieser Jugendlichen getroffen werden müssen, können nur nach „einer längeren, unter besonderen Gesichtspunkten angestellten Beobachtung" berechtigt angeordnet werden. Zu diesem Zweck sollte eine Beobachtungsanstalt eingerichtet werden.[105]

Im Juli 1907 wurde deshalb aus privaten Mitteln das Anwesen „Steinmühle" in Ober-Erlenbach bei Bad Homburg, etwa 10 km nördlich von Frankfurt, gekauft.

Die äußere Gruppierung und Anlage der Häuser und Ställe entsprach ganz der eines Bauernhofs, durch entsprechende Aus- und Umbauten wurde daraus eine Anstalt, die den Anforderungen ihrer Zeit auf Schul- und Wohnhygiene genügte. Der Platz reichte für 25 Zöglinge.

---

104 ebd. S.76 ff

105 Hanselmann, H., S.77

Die Anstalt wird gemeinsam geleitet von einem Pädagogen und einem Psychiater (pädagogischer Leiter: Dr.phil. H. Hanselmann; psychiatrischer Leiter: Dr. med. C. Berliner, (Privatdozent in Gießen)), die die Ansicht vertreten, dass das angestrebte Ziel zum Wohle der Jugendlichen in der Beobachtungsanstalt, nur durch die Zusammenarbeit beider Fachleute erreicht werden könne.[106] Die Ziele der Anstalt waren wie folgt formuliert:

„Die Anstalt will minderbegabte und seelisch leicht abnorme, auch schwer erziehbare Knaben im schul- und fortbildungsschulpflichtigen Alter dahin bringen, dass sie den Anforderungen eines Berufslebens gerecht werden können, oder falls dies durch die abnorme seelische Verfassung unmöglich ist, auf Grund einer sorgfältigen Beobachtung Vorschläge für die weitere Unterbringung geben."[107]

Das Ziel der „Arbeitslehrkolonie" sollte erreicht werden durch Arbeitserziehung, individualisierenden Unterricht und aufmerksame körperliche Pflege. Arzt und Pädagoge sollten sich bei der Erreichung dieses Zieles gegenseitig ergänzen. „Es werden Knaben, je nach den zu überwindenden 'erziehlichen' Schwierigkeiten und ihrer jeweiligen körperlichen und seelischen Verfassung für eine kürzere oder längere Zeit aufgenommen. Jedenfalls soll der Zögling so lange in der Anstalt verbleiben, bis ein möglichst klares Bild seiner Veranlagung und seines Charakters fixiert werden kann und aus demselben sicher hervorgeht, wie für den Knaben am besten weiterhin gesorgt wird."

Die Arbeitslehrkolonie entsteht nur ein Jahr nach der Jugendabteilung der Anstalt für Irre und Epileptische. Sie liegt vor den Toren der Stadt Frankfurt und erfüllt gleiche Aufgaben wie die Kinder und Jugendabteilung von Sioli, eben nur in ländlicher Umgebung. Die „Steinmühle" beschreibt sich als „Beobachtungsanstalt", die die eingewiesenen Jugendlichen ärztlich untersucht und beobachtet und aus den Ergebnissen eine Zukunfts- und Therapieplanung für den Jugendlichen erstellt. Damit erfüllt sie die gleichen Aufgaben wie die Jugendabteilung Emil Siolis, nur dass diese Aufgaben von dem Arzt und Pädagogen gleichgewichtig bearbeitet werden.

Sie bietet allerdings auch eine wesentliche Ergänzung zur Jugendabteilung in der Stadt Frankfurt, indem sie älteren Jugendlichen in der Arbeitslehrkolonie ein Arbeitsfeld im Berufshandwerk und der Landwirtschaft anbieten kann. Darüber

---

[106] ebd. S.79

[107] ebd. S.78

hinaus vermittelt sie Jugendliche zur Ausbildung an Handwerksbetriebe in der Umgebung, die dann einer ambulanten weiteren Fürsorge durch die Kolonie unterliegen.

So entstehen fast zur gleichen Zeit zwei Einrichtungen zur Versorgung psychisch auffälliger, beziehungsweise psychisch kranker Kinder und Jugendlicher im Raum Frankfurt unter unterschiedlicher Trägerschaft. Daraus kann man den dringenden Bedarf für solche Einrichtungen in dieser Region ableiten.

Aus dieser Notwendigkeit, ein Versorgungsmodell für psychisch kranke Kinder und Jugendliche zu schaffen und auch aus dem glücklichen Umstand heraus, tatkräftige und aufgeschlossene Ärzte und Pädagogen am rechten Platz zu haben, scheint Frankfurt und seine Umgebung zu diesem Zeitpunkt eine Vorreiterrolle im psychiatrischen Denken und konzeptionellen Handeln für psychisch kranke Kinder und Jugendliche eingenommen zu haben.

Am Beispiel eines Jugendlichen aus dem Bereich Südhessen, wurde bereits an anderer Stelle aufgezeigt, wie wenig zum Beispiel in der Anstalt Heppenheim auf die Bedürfnisse eines auffällig gewordenen Jugendlichen eingegangen wurde und dass zur Bewältigung seiner Probleme keine Hilfsangebote gemacht werden konnten, der Jugendliche vielmehr ausgegrenzt wurde.

4. Hessische Kinder- und Jugendpsychiatrie im Nationalsozialismus

Bereits im ersten Drittel des 20. Jahrhunderts hatte sich die Notwendigkeit der Einrichtung einer eigenen Disziplin für Kinder- und Jugendpsychiatrie klar gezeigt.

Sigmund Freud macht um die Jahrhundertwende darauf aufmerksam, dass Kindheitserlebnisse in der Entwicklung eine wesentliche Rolle spielen. Damit erwachte bei interessierten Ärzten und Pädagogen das Verständnis für die Bedeutung kindlicher Emotionen und infantiler Sexualität als Ursache von Verhaltensstörungen.

Die Erfordernisse der psychisch kranken Kinder und Jugendlichen wurden angedacht und Therapiekonzepte entwickelt. Durch die „neue“ Gruppe lernbehinderter, leicht körperbehinderter, verstörter, entwurzelter und unangepasster Kinder und Jugendlicher, die im Rahmen von Fürsorgeerziehungsmaßnahmen auch in Heil- und Pflegeanstalten und Spezialeinrichtungen wie zum Beispiel der „Steinmühle“ als Fürsorgezöglinge untergebracht waren, wurde an die psychiatrische Diagnostik und Therapie neue Anforderungen gestellt.

Im Bereich der Jugendhilfe wurde zur gesetzlichen Regelung der Versorgung der Jugendlichen, mit der Verabschiedung des Reichsjugendwohlfahrtsgesetzes (RJWG) vom 9.7.1922 und den Regelungen zur Fürsorgeerziehung (FE), eine für das gesamte Reichsgebiet gültige neue Form der öffentlichen Ersatzerziehung geschaffen.[108]

Danach konnte ein Jugendlicher bis zur Vollendung seines 18. Lebensjahres durch Beschluß des Vormundschaftsgerichtes „unter öffentlicher Aufsicht in einer Familie oder in einem Erziehungsheim untergebracht werden“. Bis zur Vollendung des 20. Lebensjahres konnte ein Jugendlicher der Fürsorgeerziehung unterstellt werden, wenn „klare Erfolgsaussichten durch die einweisende Behörde prognostiziert wurden“. Die Fürsorgeerziehung endete spätestens mit der Volljährigkeit (21. Lebensjahr).

Notwendig gewordene Sparmaßnahmen führten am 4.11.1932 zu einer Verordnung, nach der die Fürsorgeerziehung grundsätzlich bereits mit der Vollendung das 19. Lebensjahres endete. Nur unter bestimmten Voraussetzungen konnte die Fürsorgeerziehung bis zur Volljährigkeit im 21. Lebensjahr verlängert werden. Grundsätzlich konnte die Anordnung nur ausgesprochen werden,

---

[108] Guse, M.; Kohrs, A., S.228

wenn nach Auffassung des Vormundschaftsgerichtes eine „Erfolgsaussicht" bestand.

Auch der Ausschluss von Jugendlichen aus der Fürsorgeerziehung wurde neu geregelt, um „Schwererziehbare" und „Unerziehbare" anderen Maßnahmen zuzuführen.[109] Damit war Raum gegeben für politisch geprägte Entscheidungen mit weitem Auslegungsspielraum und die Frage der Kostenersparnis spielte eine entscheidendere Rolle als sozialpädagogische Aspekte der staatlichen Ersatzerziehung.

Der Ordinarius für Psychiatrie und Neurologie in Leipzig Paul Schröder, setzt sich 1938 dafür ein, dass in Deutschland ein Lehrstuhl für Kinderpsychiatrie an den medizinischen Fakultäten vertreten sein soll. Auf Schröders Initiative wurde am 27.03.1939, auf dem letzten Vorkriegskongreß der Deutschen Gesellschaft für Psychiatrie und Nervenheilkunde in Wiesbaden, eine „Arbeitsgemeinschaft für Kinderpsychiatrie" gebildet, die 1940 zur Gründung der „Deutschen Gesellschaft für Kinderpsychiatrie und Heilpädagogik", unter dem Vorsitz von Schröder, führte.[110] Ein Jahr später starb Schröder, und Werner Villinger übernahm seine Nachfolge. Danach fand während der Kriegsjahre kein Treffen der kinderpsychiatrisch Tätigen mehr statt.[111]

Wenn auch diese Entwicklung eine positive Entwicklung zu sein scheint und die Fortsetzung bisheriger Tendenzen in der Kinder- und Jugendpsychiatrie darzustellen scheint, hat gleichwohl die Kinder- und Jugendpsychiatrie in Deutschland mit der Machtergreifung der Nationalsozialisten eine katastrophal andere Richtung eingeschlagen.

Die Kinder- und Jugendpsychiatrie gewinnt ab 1933 an Bedeutung, da sie eine zentrale gutachterliche Stellung in der Bewertung kindlicher Charaktere einnimmt.

Kinder- und Jugendpsychiater sind eingebunden in die Praxis der nationalsozialistischen Rassenpolitik. Sie erarbeiten Diagnosekriterien, um „Minderwertige" von „charakterlich Wertvollen" zu unterscheiden.[112] Anstaltspsychiater erfüllen ihre Anzeigepflicht bei den zuständigen Gesundheitsämtern, treten als

---

[109] ebd.,alle Zitate in diesem Absatz S. 229

[110] Stutte, H., Über die Anfänge der „Europäischen Kinderpsychiatrie".

[111] ebd.

[112] Baumann,R. et al., S.201

Gutachter vor den Erbgesundheitsgerichten auf oder sind sogar beisitzende Ärzte.

4.1. Die Grundlagen und Auswirkungen der nationalsozialistischen Erb- und Rassenideologie

Die Psychiatrie in Deutschland ab 1933 war schon seit Mitte des 19.Jahrhunderts gedanklich vorbereitet worden.

Bénédict-Auguste Morel (1809-73) prägte den Begriff der „Degeneration", der 1857 in die Psychiatrie eingeführt wurde. Morel vermutete, dass die Geisteskrankheiten erblich seien. Durch Vererbung übertragen, trete die Krankheit (Entartung) in jeder Generation stärker hervor. So entwickelten sich beispielsweise die Geisteskrankheiten über mehrere Generationen hin in der Abfolge Nervosität - Neurose - Psychose - Idiotie. Die zunehmende Degeneration innerhalb einer Familie sei an bestimmten Stigmen abzulesen.[113] Richard von Krafft-Ebing (1840-1902) vertrat zudem die Auffassung, dass sexuelle Psychopathien (Perversionen) degenerativ bedingt seien.[114] Joseph Arthur Comte de Gobineau legte in seinem Werk „Versuch über die Ungleichheit der Menschenrassen" (1853/54) seine Theorie von der Existenz unterschiedlich wertvoller Rassen dar.[115] Er vertritt darin die Auffassung, dass der hochwertigsten, edelsten Rasse der Arier aufgrund ihrer natürlichen Eigenschaften die Beherrschung aller anderen Rassen zukommt.[116]

1859 erschien die Abhandlung Darwins „Über die Entstehung der Arten",[117] in der er die These aufstellt, dass sich der Artenwandel durch eine natürliche Auslese im Kampf ums Dasein vollzieht. Aus dieser Theorie Darwins entstand eine

---

113 Shorter, E., S. 349, zitiert Bénédict-Auguste Morel, Traité des dégénérescences physiques, intellectuelles et morales de l'éspèce humaine. Paris: Baillière, 1857 und Redlich, F., S. 71

114 Redlich, F., S.72

115 Sick, D., S.8, zitiert Joseph Arthur Comte de Gobineau, Essay sur l'inégalité des races humaines,
Paris 1853 - 1855.

116 Sick,D., S.8

117 Sick, D., S.8, zitiert Charles Darwin, On the Origin of Species by Means of Natural Selection, London 1859

sozialdarwinistische Strömung, die sich um die Jahrhundertwende in die Rassenanthropologie und die Rassenhygiene entwickelte.[118]

Im Jahre 1920 veröffentlichen der Jurist Karl Binding und der Psychiater Alfred Hoche eine Schrift mit dem Titel „Die Freigabe der Vernichtung lebensunwerten Lebens. Ihr Maß und ihre Form". Darin werden „Geisteskranke" als „das furchtbare Gegenbild echter Menschen", als „Ballastexistenzen", „leere Menschenhülsen" und „geistig Tote" bezeichnet.[119] Die Kosten für diese „Ballastexistenzen" könne man einsparen.[120]

Dieses Gedankengut wurde Grundlage nationalsozialistischen, staatlichen Handelns.

Auch in den psychiatrischen Anstalten mußte man sich nach den nationalsozialistischen Gesetzesvorgaben richten, wie dem am 20. 01.1934 erlassenen „Gesetz zur Ordnung der nationalen Arbeit".[121]

Mit dem „Gesetz zur Verhütung erbkranken Nachwuchses" vom 14.07.1933 und dem „Gesetz gegen gefährliche Gewohnheitsverbrecher und über Maßregeln der Sicherung und Besserung" vom 24.11.1933, hatte sich das nationalsozialistische Regime die gesetzlichen Voraussetzungen zur Internierung und Vernichtung sogenannter „Asozialer" oder „Volksschädlinge" geschaffen.[122]

Innerhalb der Fürsorgeerziehung fand das „Gesetz zur Verhütung erbkranken Nachwuchses" bei der Sterilisierung Jugendlicher bald Anwendung. Es begannen im gesamten Reichsgebiet Zwangssterilisierungen, wie auch die Aufnahme-

---

118 Sick, D., S.8., Rassenanthropologie: Aus Gobineaus These von der Existenz verschiedener Rassen, denen bestimmte geistige und seelische Eigenschaften zugeschrieben wurden, wird eine Rassenhierarchie abgeleitet. Die Rassenzugehörigkeit wird z.B. anhand von Schädelmessungen festgestellt. Die Verbreitung der These von der angeblichen Überlegenheit der nordischen Rasse über die Rasse der Juden, Slawen und Neger war eine wesentliche ideologische Voraussetzung für die Massenmorde durch die Faschisten. Rassenhygiene: Ausgehend von der sozialdarwinistischen Selektionstheorie behaupteten die Vertreter der rassistischen Erbhygiene, die „natürliche Auslese" werde durch die abendländische Kultur künstlich eingeschränkt. Diese Gegenauslese führe zu einer Verbreitung krankhafter Erbanlagen, zu „Entartungserscheinungen", die die Tüchtigkeit der Rasse einschränken. Mit gezielten Maßnahmen gelte es, das gesunde Erbgut im „Volkskörper" zu erhalten.

119 Zitiert nach Blasius, D., Der verwaltete Wahnsinn. Eine Sozialgeschichte des Irrenhauses. S.155

120 Zitiert nach Sick, D., S.12

121 ebd. S.157

122 Guse, M.; Kohrs, A., S.233

bücher der Landesheilanstalten in Haina und Merxhausen zeigen, in denen Sterilisationen von angeblich unheilbar Kranken dokumentiert worden sind.

Erbkrankheiten im Sinne des Gesetzes waren:
1. angeborener Schwachsinn
2. Schizophrenie
3. manisch- depressives Irresein
4. erbliche Fallsucht
5. erblicher Veitstanz
6. erbliche Blindheit
7. erbliche Taubheit
8. schwere körperliche Mißbildungen erblicher Art
9. schwerer Alkoholismus

Bis 1945 wurden nach diesem Gesetz über 400 000 Menschen wegen angeblicher Erbkrankheiten zwangssterilisiert. Die Mehrzahl der Opfer wurde mit der allgemeinen und undifferenzierten Diagnose „Schwachsinn" sterilisiert.[123]

Für alle Ärzte bestand eine Anzeigepflicht aller ihnen in ihrer Berufstätigkeit bekannt werdenden erbkranken Personen. „Diese Meldung muß der Arzt an das zuständige Gesundheitsamt auf einem von dort anzufordernden Vordruck erstatten." Eine Zuwiderhandlung wurde mit einer Geldstrafe bis zu 150 RM bestraft.[124]

Die Aufgabenstellung des Arztes im nationalsozialistischen Staat war in der von der Reichsregierung am 13.12.1935 verabschiedeten Reichsärzteordnung beschrieben, mit der auch eine Änderung des ärztlichen Berufsverständnisses herbeigeführt werden sollte. Der „deutsche Arzt" solle demnach nicht seine einzige Aufgabe darin sehen dem einzelnen Kranken zu helfen, sondern er solle in Erfüllung einer öffentlichen Aufgabe an der Gesundheitsführung des gesamten Volkes mitwirken und sich besonders mit seinem ganzen Einfluß und all seinem Können für die Pflege seiner Rasse einsetzen.[125]

[123] Winter, B., S.77
[124] Cropp,-, S.34
[125] Cropp, -, S.2

Das Gesundheitswesen wurde mit dem „Gesetz zur Vereinheitlichung des Gesundheitswesens“ vom 3.7.1934 neu strukturiert und mit neugeschaffenen „staatlichen Gesundheitsämtern“ in den Kreisen organisiert.[126]

Neugeschaffene Erbgesundheitsgerichte, die den Amtsgerichten angegliedert waren, entschieden nach Begutachtung der betroffenen Person über die Unfruchtbarmachung.

Gebildet wurden sie aus einem vorsitzenden Richter und zwei Ärzten als Beisitzern, unter ihnen ein beamteter. Gegen den Beschluß des Erbgesundheitsgerichtes konnte innerhalb von vier Wochen Beschwerde beim Erbgesundheitsobergericht eingelegt werden.[127]

Durch die „Nürnberger Rassengesetze“ vom 15.09.1935, das „Reichsbürgergesetz“ und das „Gesetz zum Schutz des deutschen Blutes und der deutschen Ehre“ werden vor allem die Juden ausgesondert. Das „Gesetz zur Erbgesundheit des deutschen Volkes“ vom 18.10.1935 erweitert den Kreis der Diskriminierten auf chronisch Erkrankte. Es verbietet Ehen von „Gesunden“ mit „Erbkranken“ und ermächtigte Gesundheitsämter und Erbgesundheitsgerichte, sogenannte „Ehetauglichkeitszeugnisse“ zu verweigern.[128]

Die zielbewußte nationalsozialistische Bevölkerungspolitik wurde vorbereitet und später begleitet von organisatorischen und propagandistischen Maßnahmen. Eine Textaufgabe in einem Rechenbuch für eine 8. Klasse, gibt zum Beispiel das Ausrechnen der täglichen Fürsorgekosten für eine Person mit den einleitenden Worten auf: „Die starke Vermehrung der Erbkranken und Minderwertigen gefährdet die Stärke und Leistungskraft des deutschen Volkes und belastet die gesunden Volksgenossen durch Fürsorgekosten.“[129]

Angenommen wird in der durch ein Schaubild unterstützten Rechenaufgabe, dass ein Volk aus einer 50 % „hochwertigen“ Bevölkerung besteht mit je drei Kindern. Dagegen steht eine „minderwertige“ Bevölkerungsgruppe mit je vier Kindern, die in dem Schaubild mit nachlässigen, ärmlichen Kleidern angezogen ist und ein Kind mit krankhaft verbogenen Beinen zeigt. Aus dieser Gesamtbevölkerung entsteht in dieser Darstellung nach 100 Jahren ein Anteil von 77 % „minderwertiger“ Bevölkerung und 23 % „hochwertiger“ Bevölkerung. Nach 300 Jahren bleibt in der abgedruckten Tabelle nurmehr ein Anteil von 4 %

---

[126] Dickel, H., S.5
[127] Kaminer, I., S.67
[128] Klüppel,M., S.322
[129] Guse, M., „Wir hatten noch gar nicht angefangen zu leben“. S.10

„hochwertiger“ Bevölkerung übrig. In einem danebenstehenden Kasten sieht man eine Familie mit drei Kindern um einen Tisch sitzen. Darunter steht, dass ein Arbeiter täglich mit seiner Familie 3-4 Rm auszugeben hat. In dieses Familienbild ragen drei Kreise mit dem Bild eines „Krüppels“, eines „Geisteskranken“ und eines „Verbrechers“, die täglich von 6 bis 3,50 RM kosten. Als Aufgabe wird den Schülern gestellt, dass sie die Schaubilder interpretieren und dann die täglichen, monatlichen und jährlichen Fürsorgekosten für die, wie in einem Zwischenbild gezeigt, überwiegend „erbkranken“ Personen ausrechnen.

So wurden Schulkinder bereits beeinflußt und es sollte damit bei der Jugend Verständnis für die gewalttätigen Maßnahmen des Staates gegenüber vermeintlichen „minderwertigen“ und lästigen Existenzen geweckt werden, die der „Volksgemeinschaft“ nur zur wirtschaftlichen Last fallen.[130]

Die Beeinflussung der Menschen ist wohl bedacht und wird 1940 zum Beispiel in einer Schriftenreihe für den öffentlichen Gesundheitsdienst, unter dem Titel die „hygienische Erziehung im Volksgesundheitsdienst“, mit typischem nationalsozialistischem Zungenschlag ausführlich dargestellt. Darin heißt es: „Wenn das Gesetz zur Verhütung erbkranken Nachwuchses seine Wirkung voll entfaltet hat, d.h. die Träger schwerer Erbkrankheiten zum sittlichen und wirtschaftlichen Schutz der artreinen und erbgesunden Familie sich nicht mehr fortpflanzen, wird unser Vaterland das gesündeste Volk in der ganzen Welt beherbergen und die an jenem Ballast ersparten, großen Mittel den kinderreichen, staatserhaltenden Familien zugute bringen können. Inzwischen haben dann auch das Reichsgesetz zum Schutze des deutschen Blutes und der deutschen Ehre, das Reichsbürgergesetz vom 15. September 1935 sowie der dem Reichsministerium des Innern angegliederte ‘Reichsausschuß zum Schutze des deutschen Blutes’ den deutschen Volkskörper von nicht artverwandtem Lebenssaft gereinigt.

Ferner wird die Sünde des verflossenen Liberalismus ein für allemal ausgerottet, für krankhaft Veranlagte oder körperlich Gebrechliche zum Schaden der Allgemeinheit jährlich ungeheure Summen zu verschwenden oder alle Arten von minderwertigen, asozialen oder verbrecherischen Elementen instand zu setzen, zu heiraten, so dass dann wiederum deren bekanntlich überreichliche, hilfsbedürftige Nachkommenschaft der Gesamtheit zur Last fällt.“[131]

Etwa ab 1936 wird die „Vernichtung lebensunwerten Lebens“ in die Wege geleitet. Patienten aus konfessionellen Heilanstalten werden in staatliche An-

---

130 ebd. S.10

131 Frey, G., S.47 f

stalten verlegt, wichtige Anstaltsposten werden mit „linientreuen“ Ärzten besetzt, die Pflegesätze der Anstalten werden herabgesetzt und es wird ein aus Psychiatern und Medizinern anderer Fachrichtungen zusammengesetzter „Reichsausschuß zur wissenschaftlichen Erfassung von erb- und anlagebedingten schweren Leiden“ gegründet, der der Kanzlei des Führers zugeordnet ist und sich seit dem Jahreswechsel 1937/38 für die „Euthanasie“ einsetzt.[132]

So war zum Beispiel für die Anstalt in Heppenheim ab dem Jahre 1938 ein rapider Belegungsanstieg mit Jugendlichen aus konfessionellen Anstalten zu verzeichnen. „Es handelte sich um Fünf- bis Vierzehnjährige mit den Diagnosen ‘Schwachsinn, Idiotie, Epilepsie und asoziale Idiotie’ und um Jugendliche in Fürsorgeerziehung, um Psychiatriepatienten und um Altenheiminsassen, die auf Kosten des Landes Hessen in Häusern der Provinz Hessen-Nassau verpflegt wurden oder sich in konfessionellen Heimen befanden.“[133]

Die „Kanzlei des Führers“, neben der „Reichskanzlei“ eine Art Privatkanzlei Hitlers wird mit der Organisation und Durchführung der Lebensvernichtung beauftragt. „Die ‘Kanzlei des Führers’, die von Reichsleiter Philipp Bouhler geleitet wird, tritt aber nie bei den ‘Aktionen’ der Lebensvernichtung in Erscheinung. Es werden Tarnorganisationen gegründet, so im Frühjahr 1939 der ‘Reichsausschuß zur Erfassung von erb- und anlagebedingten schweren Leiden’. Mitglieder sind Reichsleiter Bouhler, der Oberdienstleiter des Hauptamtes II der ‘Kanzlei des Führers’ Viktor Brack, der Leiter der Unterabteilung II b der ‘Kanzlei’ Dr. Hans Hefelmann, der Leibarzt Hitlers Dr. Karl Brandt, und als ‘Gutachter’ Prof. Dr. Werner Catel, Prof. Dr. Hans Heinze, der Kinderarzt Dr. Ernst Wentzler und der Augenarzt Dr. Unger. Weiterhin ist der Ministerialdirektor Dr. Herbert Linden vom Reichsinnenministerium (Abteilung IV, Sachgebiet Heil- und Pflegeanstalten) Mitglied des Ausschusses.“[134]

Mit einem vom „Reichsausschuß zur Erfassung von erb- und anlagebedingten schweren Leiden“ veranlaßten geheimen Ministerialerlaß vom 18.8.1939, werden alle Hebammen und ärztlichen Geburtshelfer verpflichtet, idiotische und mißgebildete Neugeborene den Gesundheitsämtern zu melden. „Diese Meldungen gehen nach Berlin an die Abteilung II B der Kanzlei des Führers, die eine

[132] Dickel, H., S.5
[133] Winter, B., S.82
[134] Klüppel, M., S.323

Vorauswahl der zu tötenden Kinder trifft und sie dann an drei Reichsausschußmitglieder weiterleitet."[135]

Auf Grund dieser Meldebögen urteilen drei „Gutachter" über Leben und Tod der Kinder, ohne sie jemals gesehen zu haben. In einem schwarz umrandeten Kästchen auf dem Meldebogen wird entweder ein (+) für Tod oder ein (-) für Leben eingetragen.[136]

Diese Kinder und Jugendlichen die als „'asozial' selektioniert worden waren, kommen in sogenannte 'Kinderfachabteilungen', wo sie auf unterschiedliche Weise, zum Beispiel durch Spritzen, Infektion durch Versuche und Nahrungsmittelentzug, getötet werden."[137]

Die systematische Vernichtung von erwachsenen psychisch Kranken wird unter dem Namen „T4", nach der Adresse der Zusammenkünfte in der Tiergartenstraße 4 in Berlin, ab dem Frühjahr 1939 geplant. Unter der Leitung von Bouhler und Brack entsteht die „Reichsarbeitsgemeinschaft Heil- und Pflegeanstalten". Sie ist zuständig für die Verschickung von Meldebögen an alle Heilanstalten und für die „Begutachtung"

Die Personal- und allgemeine Verwaltung der Tötungsanstalten übernimmt die „Allgemeine Stiftung für das Anstaltswesen." Der Transport der Patienten mit Bussen in die Tötungsanstalten wird von der „Gemeinnützigen Krankentransport - Gesellschaft" durchgeführt.[138]

Im Januar 1940 beginnt die Tötung der erwachsenen psychisch Kranken. „Am 24. August 1941 wird die 'Aktion T 4' plötzlich auf einen mündlichen Befehl Hitlers hin gestoppt. Als Grund werden 'bischöfliche Proteste' angegeben. Ein anderer Grund dürfte die zunehmende Beunruhigung der Bevölkerung gewesen sein. Die Transporte hörten auf, die Gaskammern wurden abgebaut, aber das Morden nahm kein Ende."[139] In den Anstalten wurde weiter gemordet, allerdings anders organisiert. Jetzt trafen die leitenden Ärzte der Tötungsanstalten Vorentscheidungen und schickten die entsprechenden Meldebögen nach Berlin. Sie töteten die psychisch Kranken, geistig Behinderten und alten Menschen in jeder Anstalt selbst als „wilde Euthanasie", durch Medikamentenüberdosierungen und/oder Aushungerung.[140]

---

[135] Dickel, H., S.6

[136] Klüppel, M.

[137] ebd. S.324

[138] ebd. S.324

[139] ebd. S.325

[140] Dickel, H., S.6

4.2. „Kinderfachabteilungen“ in Hessen

Die bevölkerungspolitischen Maßnahmen im Nationalsozialismus zielten bereits vor dem Beginn der „Euthanasie“ an erwachsenen Behinderten oder erwachsenen psychisch Kranken auf „lebensunwerte“ Kinder, also Kinder mit bestimmten nicht oder schwer heilbaren Erkrankungen, mit angeborenen Behinderungen und Fehlbildungen. Diese Kinder sollten nicht aufwachsen und sich nicht fortpflanzen können und der Bevölkerungsgemeinschaft nicht länger zur wirtschaftlichen Last fallen. Durch Begutachtung und Selektion wurde ihre Ermordung vorbereitet.[141] Mit dem Geheimerlass vom 18.8.1939, war die Erfassung und Meldung aller „Mißgeburten“ nach der Geburt durch Hebammen, Ärzte oder Kliniken geregelt worden. Den Ärzten wurde vorgeschrieben, dass sie die Eltern des mißgebildeten Kindes bald nach der Geburt über die Möglichkeit einer Heilung ihres Kindes aufklären und die Einweisung in eine Reichsausschuss-Station empfehlen mußten. Die von normalen Heilverfahren abweichenden anzuwendenden Heilverfahren in diesen Stationen, wurden als riskant dargestellt und es wurde auch die Möglichkeit in Betracht gezogen, dass das Kind daran sterben könne. Wenn die Eltern zu diesen „riskanteren“ Heilungsmaßnahmen ihr Einverständnis erteilten, wurden die Kinder in eine Reichsausschuss-Station eingewiesen.[142]

Anstalten die die „Kinder-Euthanasie“, das heißt „Tötung behinderter Kinder“ durchführten, waren unter anderen:

> Hadamar, nordöstlich von Limburg
> der Kalmenhof bei Idstein im Taunus
> der Eichberg bei Eltville im Rheingau.

---

[141] Freyberg, J.v., S.88
[142] Mausbach, H. et al., S.68-85

Es wurden Kinderfachabteilungen, die oben genannten Reichsausschuss-Stationen, in Anstalten eingerichtet, die von politisch zuverlässigen Anstaltsleitern geführt wurden. Wie bereits erwähnt, stellte man die Behandlungsmethoden der Kinderfachabteilungen den Eltern der kranken Kinder als „erfolgversprechend“ dar, um deren Einverständnis zur Einweisung zu erhalten. Widersetzten sich die Eltern der Einweisung, konnte ihnen das Sorgerecht entzogen werden. Das Alter der Kinder wurde von anfänglich bis zum 3. Lebensjahr, auf acht, zwölf und schließlich siebzehn Jahre heraufgesetzt.[143]

Die Tötungen in den Kinderfachabteilungen hatten meist folgenden grausamen Ablauf:

Der Arzt füllt den Meldebogen aus und leitet ihn nach Berlin weiter. Die „Ermächtigung“ aus Berlin wird dem Arzt zurückgegeben. Das Kind wird unter einem Vorwand ins Krankenhaus bestellt, zum Beispiel zur Durchführung einer „Intelligenzprüfung“ oder man wartet, bis das Kind erkrankt und ins Krankenhaus gebracht wird. Das Kind wird in der Anstalt festgehalten und getötet. Der Arzt stellt dann einen Totenschein mit einer vorgetäuschten Todesursache aus und benachrichtigt die Eltern mit einem Telegramm, so kurz vor der Beerdigung des Kindes, dass die Eltern meist nicht mehr zur Beerdigung kommen können.[144]

In Hessen waren solche Abteilungen in der Anstalt „Eichberg“ bei Eltville im Rheingau eingerichtet worden und in der Heil- und Pflegeanstalt „Kalmenhof“ in Idstein im Taunus.[145]

---

[143] Sick, D., S.19

[144] ebd. S.36

[145] Freyberg, J.v., S.88 f

4.2.1. Die „Kinderfachabteilung" in der Heil- und Pflegeanstalt „Eichberg" bei Eltville im Rheingau

Die Heil- und Pflegeanstalt Eichberg ging aus der „Irrenabteilung" des Zisterzienserklosters Eberbach hervor, die 1812 gegründet worden war. Im Oktober 1842 wurde auf Beschluß der nassauischen Ständeversammlung mit dem Bau einer größeren Anstalt auf dem „Eichberg" begonnen, die sieben Jahre später bezogen werden konnte. Ab 1872 unterstand die „Landesheil- und Pflegeanstalt Eichberg" dem Kommunalverband des Regierungsbezirks Wiesbaden innerhalb der preußischen Provinz Hessen-Nassau.[146] Durch die „Ausdünnung und Auflösung konfessioneller und privater Anstalten im Rheingau und im übrigen Bezirksverband stiegen auf dem Eichberg ab 1936 ständig die Belegziffern. Die Insassen der Heime der 'Barmherzigen Brüder' in Montabaur und Hadamar und des Vincenzstifts in Aulhausen, des Valentinushauses in Kiedrich sowie des Elisabethenstifts und des Sanatoriums Dr. Wolff in Katzenelnbogen wurden zum Eichberg verlegt. In den Kriegsjahren veränderte sich diese Situation noch einmal dramatisch, denn die durchschnittliche Zahl der Patienten stieg gegenüber den Vorkriegsjahren um das Doppelte. Die etwa 1600 Kranken wurden von nur 3 Ärzten versorgt."[147]

Die „Epileptischen Anstalt" der Inneren Mission in Nieder-Ramstadt bei Darmstadt beispielsweise wurde noch 1938 aufgelöst.

Am Beispiel einer Patientin wird der hinterhältig geplante Leidensweg einer psychisch Kranken in dieser Zeit nachempfindbar. Diese Frau wird zuerst nach Heppenheim verlegt und wird dann von der Anstalt Heppenheim im April 1941 auf den „Eichberg" gebracht. Den Angehörigen wird jeder Kontakt zu der Kranken untersagt. Ende Mai wird sie nach Hadamar transportiert und einige Tage später ermordet. Zusammen mit dieser Kranken waren auch Kinder von Heppenheim gekommen, die dann auch in Hadamar vergast wurden.[148]

Im April 1941 war die „Kinderfachabteilung" auf dem Eichberg bezugsfertig. Es war ein gemauertes, einstöckiges Haus am Rande des Gesamtkomplexes. Der leitende Arzt war Walter Eugen Schmidt.[149]

---

[146] Dickel, H., S.16
[147] ebd. S.16 f
[148] ebd. S.22
[149] ebd. S.22

„Im Laufe des Jahres 1941 wurde die Abteilung schnell belegt und erreichte bald die Belegungszahl von 30 Kindern bis zu 3 Jahren. Die älteren Jungen und Mädchen bis zu 17 Jahren wurden auf den Erwachsenenstationen untergebracht. Falls die 'Behandlungsermächtigung' schon bei der Aufnahme vorlag, wurden die Kinder sofort getötet. Der andere Teil der Kinder blieb zur 'Beobachtung' über Monate auf der 'Kinderfachabteilung' oder auf den Erwachsenenstationen. Sobald die 'Behandlungsermächtigung' durch den 'Reichsausschuß' vorlag, wurden auch sie getötet.

Im Zeitraum zwischen der Einrichtung der 'Kinderfachabteilung' und dem Kriegsende verstarben auf dem Eichberg insgesamt 430 Kinder im Alter bis zu 10 Jahren. Es ist zu vermuten, dass so viele Kinder auch getötet wurden."[150]

Zu der Verfahrensweise in der „Kinderfachabteilungen" liegt eine Aussage der ehemaligen Oberschwester Schürg vor: „Im übrigen wurden die vom Reichsausschuß bezeichneten Kinder getötet. Dies geschah in aller Regel dadurch, dass ihnen Dr. Schmidt eine Injektion von 5 oder 10 ccm Morphium gab. In einigen Fällen habe ich auch selbst die Einspritzungen auf Weisung von Dr. Schmidt vorgenommen. In anderen Fällen wieder wurden den Kindern in Wasser aufgelöste Luminaltabletten eingegeben."[151]

4.2.2. Die „Kinderfachabteilung" im Kalmenhof in Idstein

Der alte Gutsbesitz „Calmenhof" wurde 1888 von dem aus Wiesbadener und Frankfurter Bürgern bestehenden „Verein für die Idiotenanstalt Idstein" gekauft und zu einer Anstalt umgebaut und nahm im Oktober 1888 die ersten Kinder auf.

Von Anfang an wollte man die Kinder nicht „bewahren", sondern wollte sie ihren eingeschränkten geistigen Fähigkeiten entsprechend praktisch bilden und fördern, um sie später im günstigsten Fall in ein Arbeitsleben zu entlassen. 1900 erhält die Anstalt ein Ehrendiplom für die Entwicklung eines neuen Lehrmittels, dem „Idsteiner Rechenbrett", was beispielhaft gesehen werden kann für die engagierte pädagogische Arbeit, die im Kalmenhof geleistet wurde. Mit der Machtübernahme der Nationalsozialisten wurde diese Entwicklung beendet.[152]

---

150 ebd. S.23

151 Klüppel, M., S.333

152 Sick, D., S.29

Bereits 1933 wurde der bisherige Direktor des Kalmenhofs abgesetzt und Ernst Müller als Anstaltsleiter eingesetzt. Der Landeshauptmann in Wiesbaden übernahm den Vorsitz des Trägervereins. Zuerst war dies Wilhelm Traupel aus Wiesbaden und später Landesrat Bernotat.[153] Die Anstalt war zu diesem Zeitpunkt mit 613 „Zöglingen“ aller Altersstufen, von 2 bis 86 Jahren, voll belegt. Die größte Altersgruppe stellten die bis zu 15jährigen dar. 1938 waren es dann 977 Menschen, die in der Anstalt zusammengedrängt lebten.[154] Ab August 1942 kamen auch Kindertransporte aus Hamburg, dem Rheinland und dem Ruhrgebiet, die wegen der Platznot zuerst im Altenheim untergebracht waren. Die meisten Kinder wurden dann nach und nach in die „Kinderfachabteilung“ bestellt, wo sie gequält und grausam ermordet wurden.[155]

Die Ziele der nationalsozialistischen Anstaltsführung wurden in einer „Betriebsordnung für die Heilerziehungsanstalt Kalmenhof in Idstein im Taunus“ von 1937 folgendermaßen formuliert: „Die vornehmste Aufgabe des Betriebes ist es, so zu wirtschaften, dass die Aufwendungen des nationalsozialistischen Staates für die Fortpflanzung nicht geeigneter Volksgenossen auf ein Mindestmaß gesenkt werden können. Dies ist bei stärkster Belegung und größter Sparsamkeit in allen Häusern möglich.“[156]

Der Kalmenhof war 1941 im Rahmen der T4-Aktion tätig. Von dort wurden „Stamm- und Durchgangspatienten“ in die Vergasungsanstalt Hadamar transportiert. Danach wurden Kranke durch „Wilde Euthanasie“ im Krankenhaus des Kalmenhof, durch Nahrungsmittelentzug, Injektionen von Morphium und Überdosen von Schlafmitteln getötet. Während dieser ganzen Phase wurden auch Sterilisationen „erbkranker“ Patienten durchgeführt.

Aber es wurden nicht nur geistig behinderte Kinder und Jugendliche getötet, sondern auch Bettnässer, sogenannte Abeitsscheue und Asoziale, unbequeme Mitwisser und Jugendliche, die nach einer Flucht aus der Anstalt wieder aufgegriffen worden waren.[157]

Als Ärzte waren in dieser Zeit die „Reichsausschuß-Ärztin“ Mathilde Weber tätig, die aufgrund einer Erkrankung im Mai 1944 von Hermann Wesse abgelöst wurde. Die Ärzte füllten die Meldebögen aus, nahmen „Ermächtigungen“ der

---

153 ebd. S.29

154 Sick, D., S.31

155 Freyberg, J.v., S.89

156 ebd. S.31, zitiert nach der Betriebsordnung des Kalmenhofs von 1937,(Hessisches Hauptarchiv, Abt. 405 Nr. 10767)

157 Sick, D. S.37

Berliner Zentrale entgegen, unterschrieben Rezepte für Luminal und Morphium, gaben Anweisungen zum Töten oder töteten selbst, schließlich stellten sie die Totenscheine mit unwahren, erdachten Todesursachen aus.[158]

Sie wurden unterstützt von zwei Krankenschwestern, Maria Müller und Aenne Wroda, die das Luminal in das Essen der Kinder mischten und „nachspritzten“, wenn der Tod nicht eintrat.[159]

4.3. Jugend - Konzentrationslager

„Der Paragraph 42 des Reichsstrafgesetzbuches beinhaltete die Maßregeln zur Sicherung und Besserung. Für psychisch kranke Straftäter galt der § 42b: ‘Hat jemand eine mit Strafe bedrohte Handlung im Zustand der Zurechnungsfähigkeit (§ 51 Abs.1) oder der verminderten Zurechnungsfähigkeit (§ 51 Abs.2) begangen, so ordnet das Gericht seine Unterbringung in einer Heil- und Pflegeanstalt an, wenn die öffentliche Sicherheit es erfordert. Dies gilt nicht bei Übertretungen. Bei vermindert Zurechnungsfähigen tritt die Unterbringung neben die Strafe’ “ [160]

Den Jugendlichen, die wegen einer Strafsache auf richterliche Anordnung in einer Heil- und Pflegeanstalt untergebracht waren, konnte es ähnlich wie den nach § 42b untergebrachten Kranken geschehen, dass sie in einem Straflager inhaftiert wurden, in ein sogenanntes „Jugendschutzlager“. Schutz erwartete die Jugendlichen hier jedoch nicht, insbesondere nicht, wenn die SS das Kommando über ein solches Konzentrationslager hatte. Vielmehr waren die Jugendlichen dem Terror, der Zwangsarbeit, der Selektion und dem Tod schutzlos ausgeliefert.

Ab 1933 wurde in der Landarmenanstalt Breitenau bei Kassel ein frühes Konzentrationslager für politische Schutzhäftlinge eingerichtet. 1940 wurde Breitenau als Arbeitserziehungslager mitgenutzt.[161]

Grundlage dafür war auch, dass auf einer Sitzung des Reichsverteidigungsrates am 01.02.1940 mit dem Thema „Jugendbetreuung“, über die zunehmende kriegsbedingte „Verwilderung“ der Jugend beraten wurde und das Reichskrimi-

---

[158] Sick, D., S.34

[159] ebd. S.34

[160] Winter, B., S.74

[161] Heimbach, G., S.37

nalpolizeiamt (RKPA) beauftragt wurde, „polizeiliche Jugendschutzlager" zu errichten.[162]

Im April 1940 geht ein vertraulicher Schnellbrief vom Reichssicherheitshauptamt an die Leiter der Staatlichen Kriminalpolizei, Kriminalpolizeistellen und Kriminalabteilungen, um die „Unterbringung krimineller und asozialer Minderjähriger" vorzubereiten: „Für kriminell gefährdete und asoziale Minderjährige ist die Schaffung einer polizeilichen Unterbringungsmöglichkeit in Aussicht genommen. In Frage kommen solche Minderjährige, für die trotz ihres kriminellen oder asozialen Verhaltens Fürsorgeerziehung wegen Aussichtslosigkeit oder Überschreitung der Altersgrenze nicht angeordnet oder aufrecht erhalten werden kann."

Im August 1940 kommt es daraufhin zu den ersten Einweisungen männlicher Jugendlicher in das Jugend-KZ Moringen bei Göttingen. Im Jugend-KZ Fürstenberg / Uckermark werden ab Juni 1942 Mädchen inhaftiert.[163]

Schutzhaftbefehle der Gestapo und die Verwaltungsanweisungen der verschiedenen NS-Behörden bilden die formale Grundlage für die Inhaftierung der Kinder- und Jugendlichen. „Vor allem Erziehungsheime und Jugendämter nutzen die Möglichkeit, mißliebige Jugendliche aus der Heimerziehung auszusondern und in die Jugend-KZ zu überstellen."[164]

Als Gründe für eine Inhaftierung in einem Jugend-KZ gelten:

- die Verweigerung des HJ- oder BDM-Dienstes bzw. Ausschluß aus der Hitler-Jugend (HJ-Disziplinarmaßnahme)
- der Ausschluß aus der SA (Disziplinarmaßnahme)
- eine sogenannte „Arbeitsverweigerung", „Arbeitsbummelei" oder Sabotage
- eine sogenannte „Unerziehbarkeit", „Renitenz", „Kriminalität"
- die „Sippenhaft", zum Beispiel bei politischen Aktivitäten der Eltern
- die Zugehörigkeit zur sogenannten „Swing-Jugend"
- Homosexualität/sogenannte „Strichjungen"
- eugenische Gründe (Behinderte, psychisch Kranke, Zwangssterilisierte)
- religiöse Gründe (z.B. Zeugen Jehovas)
- aus rassischen Gründen (Juden, Sinti und Roma)

---

162 Freyberg, J.v., S.15
163 ebd. S.15
164 ebd. S.26

- sogenannte „sittliche und sexuelle Verwahrlosung“
- sogenannte „Rassenschande“
- wegen Opposition und Widerstand

Im Jahre 1941 beginnt der Psychiater Robert Ritter als leitender „Kriminalbiologe“ mit der „kriminalbiologischen Begutachtung“ der jugendlichen Häftlinge in Moringen und Uckermark. Ritter war ab November 1936 Direktor der „Rassenhygienischen und bevölkerungsbiologischen Forschungsstelle des Reichsgesundheitsamtes“.[165]

Er definiert die Aufgaben der Jugend-KZ so: „Aufgabe der Jugendschutzlager ist, ihre Insassen nach kriminalbiologischen Gesichtspunkten zu sichten, die noch Gemeinschaftsfähigen so zu fördern, dass sie ihren Platz in der Volksgemeinschaft ausfüllen können, die Unerziehbaren bis zu ihrer endgültigen anderweitigen Unterbringung unter Ausnutzung ihrer Arbeitskraft zu verwahren.“ Ritter versuchte durch umfangreiche Untersuchungen bei den jugendlichen Häftlingen eine Erbanlage für ihre „Kriminalität“ oder „Asozialität“ festzustellen. Seine Untersuchungen sind Anlaß für Sterilisationen auf der Grundlage des „Gesetzes zur Verhütung erbkranken Nachwuchses“, und für Deportationen Jugendlicher in die KZ Ravensbrück, Dachau, Sachsenhausen, Buchenwald und Auschwitz.

Andere Mädchen und Jungen gehen in Heil- und Pflegeanstalten oder werden als „wehrdiensttauglich“ der Wehrmacht überstellt.[166] Mit Ritter arbeitet Eva Justin[167] als „Kriminalbiologische Assistentin“ in den Jugend-KZ zusammen.

Ende 1944/ Anfang 1945 wird das Lager Uckermark teilweise aufgelöst. Die SS bringt die meisten in das Frauen-KZ Ravensbrück. Wenige werden nach Hause entlassen. In einem isolierten Teil des Jugend-KZ bleiben noch Frauen inhaftiert, die mit Injektionen und Giftpulver ermordet werden. Am 30.04.1945 wird das Jugend-KZ endgültig aufgelöst.

---

[165] Guse, M. „Wir hatten noch gar nicht angefangen zu leben“. S.29

[166] ebd. S.31

[167] „Im ‘Entnazifizierungsverfahren’ nach 1945 manipuliert Eva Justin die entsprechenden Fragebogen und wird als politisch ‘nicht belastet’ eingestuft. Am 01.März 1948 tritt sie ihr neues Amt als ‘Kriminalpsychologin’ bei der Stadt Frankfurt/Main an. Ihr direkter Vorgesetzter heißt wieder Robert Ritter. Ein Ermittlungsverfahren gegen Eva Justin wird im Jahre 1960 eingestellt.“ Zitiert nach Guse, M., S.42

Das Jugend-KZ Moringen wird im April 1945 geräumt, nur schwerstkranke Häftlinge bleiben zurück. Mit den anderen Jugendlichen will man den Harz zu Fuß erreichen. Der Marsch endet in den Ortschaften Lochtum und Abbenrode, wo die SS vor den anrückenden Amerikanern flüchtet und die Jugendlichen zurückläßt.[168]

Das Vernichtungsprogramm der Nationalsozialisten war zwar sorgfältig vorbereitet und behördlich getarnt, doch die Kranken in den Anstalten, die Angehörigen der Kranken und die Bevölkerung in den Orten der „Euthanasie-Aktionen“ wußten Bescheid. Der Brief des Bischofs von Limburg Dr. Hilfrich, an den Reichsminister der Justiz in Berlin vom 13.8.1941 beschreibt das Ausmaß des Wissens der Bevölkerung, über das Töten in der Heil- und Pflegeanstalt Hadamar.[169] Auszüge aus diesem Brief berichten über die Reaktion der Schulkinder beim Eintreffen der Autobusse in Hadamar: „'Da kommt wieder die Mordkiste.' Nach der Ankunft der Busse sehen die Bürger Rauch aus den Schloten der Anstalt aufsteigen und riechen widerliche Gerüche. Bei alten Leuten hört man Worte: ‘Ja in kein staatliches Krankenhaus! Nach den Schwachsinnigen kommen die Alten als unnütze Esser an die Reihe’.“[170]

Die heruntergewirtschafteten psychiatrischen Anstalten funktionierten in der Nachkriegszeit oft mit dem gleichen Personal weiter. Über den Neu- und Wiederaufbau der Anstalten bestimmten einige der Männer mit, die sich in den Jahren vor 1945 gegen die Grundrechte psychisch kranker und behinderter Kinder- und Jugendlichen verbrecherisch hinweggesetzt hatten.[171]

---

[168] ebd. S.39
[169] Freyberg, J.v., S.88
[170] ebd. S.88
[171] Baumann, R. S.205

5. Psychiatrische Einrichtungen für Kinder- und Jugendliche in Trägerschaft des Landeswohlfahrtsverbandes Hessen.

Das 1949 gegründete Bundesland Hessen setzte sich aus den Gebieten der ehemaligen preußischen Provinz Hessen-Nassau und des Landes Hessen-(Darmstadt) zusammen, soweit sie im Bereich der amerikanischen Besatzungszone lagen und in der Zeit der Militärregierung zu „Groß-Hessen“ zusammengelegt worden waren.[172]

5.1. Gründung des Landeswohlfahrtsverbandes und Organisationsstruktur

1953 wurde der Landeswohlfahrtsverband Hessen (LWV) von der hessischen Landesregierung gegründet. Er ist ein Zusammenschluß aller hessischen Landkreise und kreisfreien Städte.

Für sie erfüllt er überregional und eigenverantwortlich soziale Aufgaben, die ihm größtenteils per Gesetz übertragen sind.

Oberstes Beschlußorgan des Verbandes ist die Verbandsversammlung, die man auch das „Hessische Sozialparlament" nennt. Durch sie werden vierteljährlich im Kasseler Ständehaus wichtige sozialpolitische Programme, Projekte und innovative Leistungen im Rahmen der gesetzlichen Verpflichtung für Behinderte, Kranke und sozial benachteiligte Menschen in Hessen beschlossen. Die Verbandsversammlung hat nach wie vor maßgeblichen Anteil an der Gestaltung der sozialen Infrastruktur in Hessen.[173]

Als der Landeswohlfahrtsverband Hessen 1953 die hessischen Heil- und Pflegeanstalten übernahm, befand sich die hessische Psychiatrie auf einem „erbärmlichen, menschen-unwürdigen Niveau“. Psychisch kranke und geistig behinderte Menschen waren in verschlossenen Bettensälen untergebracht und wurden von ungeschultem Pflegepersonal verwahrt.[174]

Die Fürsorgeeinrichtungen waren vielfach heruntergekommen und durch den Rassismus der Nationalsozialisten belastet. Die „Euthanasie“-Verbrechen in

[172] Vanja, C., S.13

[173] Krauss, R.-M., S.19 f

[174] Heimbach,G.; Hübner,J.; S.24

hessischen Heil- und Pflege- beziehungsweise Heilerziehungsanstalten mußten ertragen und bearbeitet werden.[175]

Priorität hatte in den ersten Jahren insbesondere die bauliche Sanierung der Krankenhäuser. Der Landeswohlfahrtsverband Hessen investierte hierfür von 1953 bis 1957 15,9 Millionen DM. Mit baulicher Sanierung alleine war es allerdings nicht getan.[176]

Für die Mitarbeiter/Mitarbeiterinnen in den Einrichtungen schuf der LWV zunächst einheitliche Arbeitsbedingungen: Die 54 Stundenwoche für den Pflegedienst wurde auf 51 Stunden reduziert, der Personalschlüssel 1956 auf 1:8 bis 1:6 (heute: 1:1,5) festgelegt und eine verwaltungsinterne Pflegeausbildung begonnen.[177]

Mitte der 50er Jahre führte der LWV die medikamentöse Behandlung psychisch Kranker mit Psychopharmaka ein.

Die „Irrenhäuser" alter Prägung sollten in moderne Behandlungsstätten für psychisch kranke Menschen umgewandelt werden.

Der am 03.07.57 gefasste Beschluss der ersten Verbandsversammlung des LWV, die „Landesheilanstalten" umzubenennen in „psychiatrische Krankenhäuser“, brachte dies programmatisch zum Ausdruck.[178]

Am 3.7.1969 fasste die Verbandsversammlung unter der Überschrift: „Maßnahmen zur Verbesserung der Lage der geistig und seelisch Behinderten und Suchtkranken in Hessen“, Grundsatzbeschlüsse, deren wesentliche Inhalte[179] die „Neugliederung der psychiatrischen Krankenhäuser, mit dem Ziel einer möglichst differenzierten Unterbringung der Patienten nach Diagnose und Prognose“ waren. Durch „die Schaffung von selbständigen Funktionsbereichen und Ausgliederung bestimmter Patientengruppen und ihre Zusammenfassung in überregionalen Behandlungsstätten“ plante man dies zu erreichen.

Die Verbandsversammlung strebte die heimatnahe Unterbringung der Patienten an, weshalb die Aufnahmebezirke der einzelnen Krankenhäuser neu geordnet werden sollten. Zur gemeindenahen Unterbringung und Betreuung der Patienten gehörte aber auch der geplante „Ausbau von sozialpsychiatrischen Diensten innerhalb und außerhalb der Krankenhäuser“.

---

175 Vanja, C., S.14

176 Heimbach,G.; Hübner,J.; S.24

177 ebd. S.24

178 Heimbach,G.; Hübner,J.; S. 24

179 ebd. S.24

Zur Durchführung der Reform benötigte man qualifiziertes Personal, das durch eine „Intensivierung der Aus- und Fortbildung der Mitarbeiter“ herangebildet werden sollte.

Das Verständnis für psychisch kranke Menschen und die Reformen in der psychiatrischen Versorgung dieser Bevölkerungsgruppe, beabsichtigte man durch eine stärkere Öffentlichkeitsarbeit zu erlangen.

Damit waren die Grundzüge einer Psychiatriereform in Hessen festgelegt.

5.2. Kliniken des Landeswohlfahrtsverbandes Hessen

Im Sinne der „Ausgliederung bestimmter Patientengruppen“ wurden 1964 in den psychiatrischen Krankenhäusern Haina, Gießen, Herborn, Weilmünster und Riedstadt-Goddelau, eigene Abteilungen hauptsächlich für pflegebedürftige, geistig behinderte Kinder und Jugendliche geschaffen.

Gleichzeitig mit dem Grundsatzbeschluss der Verbandsversammlung des LWV über „Maßnahmen zur Verbesserung der Lage der geistig und seelisch Behinderten und Suchtkranken in Hessen“ und ihren Beschlüssen zur differenzierten Unterbringung der psychisch Kranken, entstand im Jahre 1969 als erste jugendpsychiatrische Klinik die „Kinder- und Familientherapie Idstein“, am damaligen Heilerziehungsheim „Kalmenhof“. Hier richtete der LWV vorwiegend heilpädagogisch ausgerichtete Betreuungsmöglichkeiten für lernbehinderte, verhaltensgestörte und praktisch bildbare Kinder und Jugendliche ein.[180] Zunächst hatte die Klinik 20, später 34 Betten. Sie wurde 1972 in „Klinik für Kinder- und Jugendpsychiatrie Idstein“ umbenannt.

Die Aufgabenstellung dieser Klinik umfaßt die Diagnostik und Therapie verhaltensgestörter Minderjähriger, die stationärer und ambulanter jugendpsychiatrischer Untersuchung und Behandlung bedürfen. Der Klinik wurde auch die fachärztliche Begutachtung und jugendpsychiatrische Betreuung der Jugendheime des Landeswohlfahrtsverbandes übertragen. Die Konzeption der Klinik enthielt auch schon eine teilstationäre Versorgung der Kinder und Jugendlichen, in Form einer Tagesklinik, sowie die Möglichkeit der nachgehenden Betreuung.[181]

---

[180] Pünder,T., Ansprache zur Festveranstaltung „10 Jahre Kinder- und Jugendpsychiatrie“ in Marburg am 9.Juli 1985.

[181] Pünder, T.

Zur Versorgung psychisch kranker Kinder und Jugendlicher wurden weitere Kliniken für Kinder- und Jugendpsychiatrie (KJPK) geplant. Bei der Standortwahl für diese kinder- und jugendpsychiatrischen Kliniken spielten hauptsächlich wirtschaftliche Überlegungen eine Rolle, deshalb wurden sie an bestehende psychiatrische Krankenhäuser angebunden.

1974 und 1975 nahmen, aufbauend auf den von der Verbandsversammlung des Landeswohlfahrtsverbandes am 3. April 1974 beschlossenen „Grundsätzen zur inneren Gliederung der Krankenhäuser des Landeswohlfahrtsverbandes“, weitere vier „Kliniken für Kinder- und Jugendpsychiatrie“ (KJPK) eigenständig ihre Arbeit auf.[182]

Diese Kliniken sind:

In Marburg	die Klinik „Lahnhöhe“
in Herborn	die Klinik „Rehberg“
in Eltville	die Klinik „Rheinhöhe“
in Riedstadt	die Klinik „Hofheim“

Am 28.01.87 beschloß die Verbandsversammlung des LWV das Kinderkrankenhaus „Zum Kind von Brabant" in Kassel zu übernehmen und zu einer kinder- und jugendpsychiatrischen Behandlungsstätte mit 24 Betten auszubauen. Die vorhandene Institutsambulanz und die Tagesklinik werden in diese neue Einrichtung integriert.[183]

Ab Mitte der 70er Jahre rückte der Landeswohlfahrtsverband die Gemeindenähe ins Zentrum seiner Psychiatriepolitik, wie sich auch in den Grundsatzbeschlüssen von 1969 ausdrückt.

Dezentralisierung hieß das Schlagwort. Damit war der Aufbau von Außenstellen der Krankenhäuser in bisher unterversorgten Regionen gemeint und die Errichtung von Institutsambulanzen und Tageskliniken.[184]

Als erste Außenstelle einer kinder- und jugendpsychiatrischen Klinik wurde 1981 von der KJPK Lahnhöhe, eine Tagesklinik in Kassel errichtet. Diese Ta-

---

182 Pünder, T.

183 Landeswohlfahrtsverband Hessen, Psychiatrische Krankenhäuser und Kliniken für Kinder- und Jugendpsychiatrie des LWV Hessen 1985-1989, S. 59

184 Heimbach, G., Hübner, J.; S.27

gesklinik besteht heute noch, ist jedoch mit dem seit 1991 vollstationären Angebot der 5.LWV-Klinik für Kinder- und Jugendpsychiatrie in Kassel, zusammengelegt worden.[185]

Seit 1984 besteht an der Klinik Hofheim, seit 1989 an der Klinik Rehberg und seit 1991 an der Klinik Lahnhöhe ein integriertes, teilstationäres Behandlungsangebot.

Alle Kliniken für Kinder- und Jugendpsychiatrie nehmen Pflichtversorgungsaufgaben wahr. Diese Pflichtversorgung „basiert auf dem Anspruch des Patienten auf Krankenhausaufnahme nach § 5 des Gesetzes zur Neuordnung des Krankenhauswesens in Hessen (Hessisches Krankenhausgesetz) vom 18. 12.1989 (HKHG). Sie beinhaltet die Verpflichtung zur Aufnahme und Behandlung aller krankenhausbehandlungsbedürftigen psychisch kranken sowie geistig behinderten Kinder und Jugendlichen (in der Regel bis zum 18. Lebensjahr) aus dem festgelegten Aufnahmebezirk, die sich aus eigener Entscheidung der Eltern oder Sorgeberechtigten in eine notwendige stationäre Behandlung begeben oder aufgrund des hessischen Freiheitsentziehungsgesetzes oder mit gerichtlicher Genehmigung eingewiesen werden“[186].

Die Zuordnung der Pflichtversorgungsgebiete und Aufnahmebezirke zu den KJPK orientiert sich an Stadt- und Landkreisgrenzen und berücksichtigt die jeweilige Bevölkerungsdichte der Einzugsbereiche. Es sollten drei überregionale Versorgungsgebiete in Süd-, Mittel- und Nordhessen entstehen.[187]

Folgende Versorgungsgebiete sind festgelegt:[188]

Versorgungsgebiet I

KJPK Kassel

Stadt Kassel, Landkreis Kassel, Werra-Meißner-Kreis, nördlicher Schwalm-Eder-Kreis, nördlicher Landkreis Waldeck-Frankenberg

[185] ebd. S.27

[186] Landeswohlfahrtsverband Hessen, Psychiatrie 2000, S.22f

[187] Rixner, W., S.416

[188] Landeswohlfahrtsverband Hessen, Psychiatrie 2000, S.22

Versorgungsgebiet II
KJPK Uniklinik Marburg und KJPK Lahnhöhe
südlicher Schwalm-Eder-Kreis, südlicher Kreis Waldeck-Frankenberg, Kreis Marburg- Biedenkopf, westlicher Vogelsbergkreis
Landkreis Hersfeld-Rotenburg, Landkreis Fulda, östlicher Vogelsbergkreis.
KJPK Rehberg, Herborn
nordöstlicher Main-Kinzig-Kreis

Versorgungsgebiet III
KJPK Rehberg, Herborn
Lahn-Dill-Kreis, Kreis Gießen, Landkreis Limburg-Weilburg

Versorgungsgebiet IV
KJPK Rheinhöhe, Eltville
Rheingau-Taunus-Kreis, Stadt Wiesbaden, Main-Taunus-Kreis, westliche und südwestliche Stadtteile von Frankfurt
KJPK Rehberg, Herborn
Hochtaunuskreis

Versorgungsgebiet V
KJPK Rehberg
Wetteraukreis
KJPK Uniklinik Frankfurt[189]
Stadt Frankfurt, bis auf westliche und südwestliche Stadtteile

Versorgungsgebiet VI
KJPK Hofheim
Stadt Offenbach, Landkreis Offenbach
KJPK Rehberg
südlicher Main- Kinzig-Kreis

Versorgungsgebiet VII
KJPK Hofheim
Landkreis Groß-Gerau, Stadt Darmstadt, Landkreis Darmstadt-Dieburg, Landkreis Bergstraße, Odenwaldkreis

[189] seit 1996, nahm davor nicht an der Pflichtversorgung teil.

Von Seiten psychiatrischer Fachleute und der Selbsthilfegruppen, wie den Angehörigengruppen und Psychiatrie-Erfahrenen, wird der Ausbau des stationären psychiatrischen Angebotes in Wohnortnähe, also gleichmäßig über Hessen verteilt, gewünscht. Diese Gruppen plädieren für den Aufbau psychiatrischer Abteilungen an Allgemeinkrankenhäusern, die Pflichtversorgungsaufgaben übernehmen sollen.

5.2.1. Struktur der Kliniken und Überweisungsgründe

Nach einem Beschluß des LWV vom 26.11.1986 sollten geistig behinderte Kinder und Jugendliche aus den psychiatrischen Kliniken herausgelöst werden und in heilpädagogischen Heimen stärker in ihrer Entwicklung zum Selbständigwerden gefördert werden.[190] 1972 bereits, hatte die Verbandsversammlung des Landeswohlfahrtsverbandes mit dem „Krankenhausbedarfsplan - Teilbereich Psychiatrie“ eine Gesamtkonzeption für die Versorgung der geistig behinderten und psychisch kranken Kinder und Jugendlichen beschlossen.

Die Trennung zwischen Einrichtungen für nicht bildbare Kinder und Jugendliche und Einrichtungen für psychisch und neurotisch Kranke, Verhaltensgestörte, einschließlich der praktisch bildbaren oder lernbehinderten Jugendlichen, wurde aufgehoben.[191]

Zur Versorgung psychisch kranker Kinder und Jugendlicher steht die Klinik für Kinder- und Jugendpsychiatrie zur Verfügung, um die stationäre Behandlung von Kindern und Jugendlichen durchzuführen, bei denen das Behandlungsziel durch eine ambulante Behandlungsmaßnahme nicht erreicht werden kann. Es wurden Rahmenrichtlinien zur Gliederung und Ausstattung einer Klinik für Kinder- und Jugendpsychiatrie ausgearbeitet, um diese Kliniken auf die speziellen Bedürfnisse psychisch kranker Kinder und Jugendlicher auszurichten.

Es werden drei Versorgungsgruppen für die stationäre Versorgung in der Kinder- und Jugendpsychiatrie unterschieden[192]:

Zur ersten Gruppe gehören Kinder und Jugendliche, „die zur diagnostischen Klärung, zur Krisenintervention und zur Behandlung oder Behandlungseinleitung bei neurotischen und psychosomatischen Störungen sowie bei psychischen

---

190 Heimbach, G., S.31-33

191 Pünder, T.

192 Rixner, W., S.415

Störungen mit körperlichen Ursachen eines kurz- bis mittelfristigen stationären Aufenthaltes bedürfen“.

Die zweite Gruppe besteht aus Kindern und Jugendlichen, „die wegen Psychosen, neurotisch-psychotischen Grenzzuständen, autistischen Syndromen, Mehrfachbehinderungen eines längerfristigen stationären Aufenthaltes bedürfen“.

Die dritte Gruppe umfasst Kinder und Jugendliche, „die wegen neuropsychiatrischer Komplikationen (zum Beispiel therapieresistente Anfallsleiden; ungeklärte, fortschreitende Verschlechterung ihres Zustandes; neuromotorische Störungen, psychomotorische Unruhe) eines längerfristigen Aufenthaltes[193] bedürfen“.

Eine moderne Klinik für Kinder- und Jugendpsychiatrie bietet zur Diagnostik und Behandlung umfassende Leistungen an. Sie werden im Zusammenwirken verschiedener spezialisierter Berufsgruppen, im Rahmen eines für den einzelnen Patienten individuell erstellten Therapieplanes, erbracht und entsprechen dem Stand der Wissenschaft.

Diese Leistungen bestehen aus:[194]

- ärztlicher Diagnostik und Therapie
- psychologischer Diagnostik und Therapie
- Psychotherapie
- Bewegungstherapie und Physiotherapie
- Beschäftigungs- und Arbeitstherapie, einschließlich Musik- und Kunsttherapie
- Logopädie / Sprachheiltherapie
- Sozialarbeit / Sozialpädagogik
- Betreuung und Führung durch den Pflege-und Erziehungsdienst
- Heilpädagogik
- schulischer Förderung

---

193 Die Verweildauer in der Klinik Hofheim lag im Jahr 1981 bei 109 Tagen.
194 Landeswohlfahrtsverband Hessen, Psychiatrie 2000, S.27

Im Gegensatz zur Erwachsenenpsychiatrie hat die medikamentöse Behandlung in der Kinder- und Jugendpsychiatrie keine vorwiegende Bedeutung. Den Schwerpunkt der Behandlung nehmen verschiedene Formen der Psychotherapie ein, insbesondere Gesprächstherapie, Verhaltenstherapie, Beschäftigungstherapie, Bewegungstherapie, Spieltherapie und Wahrnehmungstraining. Im Rahmen der Einzeltherapie werden die Bezugspersonen, in der Regel die Eltern, in die Therapie mit einbezogen und Elterngespräche und begleitende Familienhilfe zur Alltagsbewältigung angeboten und mit den Therapeuten und Pädagogen des Wohnortes Förderpläne ausgearbeitet.

Die Grundlage des therapeutischen Erfolges in der Klinik ist die Schaffung einer ausgeglichenen Atmosphäre, mit kleinen Patientengruppen auf den Stationen und möglichst konstanten Bezugspersonen. Die Stationen sind gemischtgeschlechtlich belegt, mit einer Gruppengliederung, die eine familienähnliche Struktur erreichen soll. Die Krankenzimmer sollten nicht mehr als 2 bis 3 Betten haben. Grundsätzlich werden die Stationen offen geführt. Eine geschlossene, beziehungsweise fakultativ geschlossene Station bildet die Ausnahme.

Um den Kindern und Jugendlichen Platz zum Spielen, Basteln, Lesen und zum Rückzug zu geben, müssen ausreichend Räumlichkeiten zur Verfügung stehen.[195]

Den Kliniken für Kinder- und Jugendpsychiatrie sind im teilstationären Bereich Tageskliniken, Institutsambulanzen und Schulen für Kranke angeschlossen.

In den Institutsambulanzen werden Patienten behandelt, die wegen Art, Schwere und Dauer ihrer Erkrankung neben der fachärztlichen Versorgung, auch eine Betreuung durch nichtärztliche Fachkräfte benötigen. Die Institutsambulanzen sollen einen Beitrag dazu leisten, die unzureichende Versorgung durch niedergelassene Fachärzte für Kinder- und Jugendpsychiatrie auszugleichen. Vor allem in ländlichen Regionen bieten die mit Ärzten und nichtärztlichen Fachkräften besetzten Ambulanzteams aufsuchende Hilfe an.

Diese Institutsambulanzen sollen Außenstellen oder Zweigsprechstunden in zentral gelegenen Gemeinden des Aufnahmebezirkes aufbauen.

In den Schulen für Kranke wird unter sonderpädagogischen Gesichtspunkten, ausgerichtet an der Belastungsfähigkeit des Kindes oder des Jugendlichen, der erforderliche Schulunterricht auch während der Behandlung fortgesetzt.[196]

[195] ebd. S.26

[196] ebd. S. 24

5.2.2. *Teilstationäre Angebote*

Alle Kliniken für Kinder- und Jugendpsychiatrie sollen in Form einer Tagesklinik über teilstationäre Behandlungsangebote verfügen. In der Erwachsenenpsychiatrie gehört zum teilstationären Behandlungsangebot auch eine Nachtklinik, die in der Kinder- und Jugendpsychiatrie aber keine Bedeutung hat. Wenn für jugendliche Patienten nur noch Rehabilitation und Eingliederung in den Ausbildungs- und Arbeitsprozess im Vordergrund steht, ist die nachtklinische Betreuung des Jugendlichen eine Alternative, für die dann eine teilstationäre Betreuung gefunden werden muss.

Die Tagesklinik kommt für intensivere heilpädagogische und psychotherapeutische Maßnahmen bei Patienten in Frage, bei denen eine volle stationäre Aufnahme nicht angezeigt und der weitere Aufenthalt des Patienten innerhalb seines Familienrahmens wünschenswert ist.

5.2.3. *Die Tagesklinik*

Die Tageskliniken können integriert betrieben werden, das heißt, dass die Patienten tagsüber und mit Ausnahme der Wochenenden und Feiertage am therapeutischen Programm einer Station teilnehmen.

Eine andere Form der Tagesklinik ist als Außenstelle einer kinder- und jugendpsychiatrischen Klinik eingerichtet, die nicht mit dem Klinikgelände verbunden ist. Solche Außenstellen sind mit Institutsambulanzen verbunden[197].

Da mit dem Besuch der Tagesklinik die tägliche An- und Abfahrt der Patienten sowie in vielen Fällen auch der Angehörigen verbunden ist, müssen die Tageskliniken verkehrsgünstig erreichbar sein und deshalb in zentral gelegenen Gemeinden des Aufnahmebezirkes liegen.

Nachdem eine kinder- und jugendpsychiatrische Tagesklinik in Kassel im Herbst 1981 ihre Tätigkeit aufgenommen hat, folgten, gefördert mit Mitteln aus dem Modellprogamm Psychiatrie der Bundesregierung, dann auch Tageskliniken in Marburg und Wiesbaden.

Als teilstationäre Angebote bestehen eine Tagesklinik als Außenstelle der Klinik Lahnhöhe in Kassel mit 12 Plätzen, sowie integrierte Tageskliniken in

[197] ebd. S. 25

der Klinik Rehberg und der Klinik Hofheim. Die Klinik Rheinhöhe hat eine Tagesklinik in Wiesbaden eingerichtet. Von der Klinik Hofheim aus soll in Abstimmung mit der Stadt und den Krankenkassen eine Tagesklinik als Außenstelle in Darmstadt entstehen, die bisher nicht eingerichtet wurde.

6. Einrichtungen für Kinder- und Jugendpsychiatrie an Universitätskliniken in Hessen

6.1. Lehrstühle für Kinder- und Jugendpsychiatrie in Hessen

Nach dem zweiten Weltkrieg wurden an den Universitäts-Nervenkliniken in Hessen zunächst 1947 durch Werner Villinger in Marburg und dann 1950 in Frankfurt durch Jürg Zutt kinderpsychiatrische Abteilungen eingerichtet.[198]

Aus ihnen entwickelten sich die ersten selbständigen Lehrstühle des Faches in der Bundesrepublik, nämlich 1954 in Marburg mit Hermann Stutte und 1964 in Frankfurt mit Hubert Harbauer.[199]

1946 wurde Villinger als Ordinarius für Psychiatrie an die Philipps-Universität nach Marburg berufen, als Nachfolger von Ernst Kretschmer. 1950 folgte Zutt von Würzburg einem Ruf an die Johann Wolfgang Goethe-Universität in Frankfurt und wurde zugleich Direktor der Universitäts-Nervenklinik. Die Klinik übernahm er von Karl Kleist, der der Klinik von 1920-1950 vorstand und selbst Nachfolger von Emil Sioli war.[200]

6.1.1. Werner Villinger und die Marburger Klinik

Bevor Werner Villinger seinem Ruf an die Marburger Universität nachkommt, hat er bereits in Tübingen und Hamburg Erfahrungen in der Kinder- und Jugendpsychiatrie sammeln können und sich einen Namen gemacht.

Werner Villinger stammte aus einer alten Ärzte- und Apothekerfamilie, die bis in das 16. Jahrhundert zurückgeht. Geboren wurde Villinger 1887. Dies ist das Jahr, das mit dem Erscheinen des Bandes „Die psychischen Störungen des

---

198 Rixner, W., S. 415

199 ebd. S. 415

200 Klötzer, W., S.585

Kindesalters“ von Emminghaus, auch als „Wiegenstunde“ der Kinder- und Jugendpsychiatrie gilt.[201]

Eine Verletzung führte dazu, dass Villinger eine begonnene militärische Laufbahn aufgab und das Medizinstudium begann. Bei Meinhard von Pfaundler in München lernte er Kinderheilkunde.

Am ersten Weltkrieg nahm Villinger aktiv teil, und „habe dabei den jungen deutschen Soldaten in guten, aber auch in bösen Zeiten mit all seinen Vorzügen, Zwängen und Nöten kennengelernt“.[202]

In der Psychiatrisch-Neurologischen Klinik in Tübingen wendet er sich unter der Anleitung von Robert Gaupp der jugendpsychiatrischen Arbeit zu. Dort schuf Villinger die „erste sorgfältig gegliederte staatliche Kinderabteilung“. 1926 fand er als Psychiater am Landesjugendamt Hamburg einen neuen Aufgabenbereich.[203]

Nach seiner Habilitation wurde er 1934 Chefarzt der Bodelschwinghschen Anstalt in Bethel. Gleichzeitig war er Mitglied im ständigen Ausschuß für Rassenhygiene und Rassenpflege der Zentralauschüsse für Innere Mission. Ab 1935 ist er Beisitzer des Erbgesundheitsgerichtes Hamm, wo er über Maßnahmen der Zwangssterilisation entscheidet. Als Ordinarius für Neurologie und Psychiatrie in Breslau ab 1939, war er beratender Psychiater der Wehrmacht. Außerdem betätigte er sich als Euthanasie - Gutachter, wobei er eher „sabotierend“ gearbeitet haben soll.

1939 fordert er ein „Bewahrungsgesetz“ mit der Begründung, dass: „es dem Volkskörper Schädlinge und Schmarotzer fernhält, bei der eugenischen Ausmerze wichtige Dienste leistet, der Entstehung des Verbrechertums wirksam vorbeugt und die Fürsorge erst wirklich im nationalsozialistischen Geiste um- und auszugestalten gestattet.“[204]. Nach 1945 setzte sich seine Karriere fort. Er war im In- und Ausland ein vielbeachteter Sprecher für die Belange der Kinder- und Jugendpsychiatrie.

1946 wurde Villinger als Ordinarius für Psychiatrie nach Marburg berufen.

1947 war er beim Entwurf eines neuen Sterilisationsgesetzes maßgeblich beteiligt und

---

201 Baumann, R. et al., S.174
202 ebd.
203 ebd. S.174
204 ebd. S.203

1951 an der Gründung der deutschen Vereinigung für Jugendpsychiatrie. Er setzte sich für die Einrichtung von Erziehungsberatungsstellen ein.

1956 war er Rektor der Universität Marburg und Ehrenpräsident der „Union europäischer Kinder- und Jugendpsychiater".

1958 gründete er die „Bundesvereinigung Lebenshilfe für das geistig behinderte Kind" mit und arbeitete als Vorstandsmitglied im „Verein für öffentliche und private Fürsorge" und in der „Deutschen Vereinigung für Jugendgerichte und Jugendhilfe" mit. Als Hochschullehrer wurde Villinger 1961 in den Ruhestand versetzt.

Vor dem Wiedergutmachungsausschuß des Bundestages sprach er sich 1961 gegen eine Entschädigung der Sterilisationsopfer aus.

1961, zwei Wochen nach einer Vernehmung im Amtsgericht Marburg wegen Beteiligung an der „Euthanasie"- Aktion T4, stürzte Villinger bei einer Bergtour in den Alpen zu Tode.[205]

Bemerkenswert an der Biographie Villingers ist, dass er seine im Nationalsozialismus erreichte einflußreiche Position nach dem Kriege völlig unangefochten weiter fortsetzen konnte.

7. Verzeichnis der Erziehungsheime und Sondereinrichtungen für Minderjährige 1968 [206]

Für die „in der Erziehungsarbeit Tätigen" gab der „Allgemeine Fürsorgeerziehungstag" seit 1926 ein Nachschlagewerk mit allen Erziehungsheimen und Sondereinrichtungen für Kinder und Jugendliche in seinem Tätigkeitsbereich heraus. Ein Anliegen war es ihm, die „Vielfalt der pädagogischen Methoden" in der Anstaltserziehung, die sich in spezialisierten Einrichtungen mit Aufnahme- und Beobachtungsstationen deutlich machten, darzustellen und eine breite Fachöffentlichkeit darüber zu informieren.

In der 8. Auflage aus dem Jahr 1968 sind die in der Bundesrepublik Deutschland und West-Berlin vorhandenen Heime aufgeführt, auch mit den Heimen für jugendpsychiatrische Beobachtung und Behandlung. Heilpädagogi-

205 Baumann, R. et al., S. 175

206 Fricke, I.

sche Einrichtungen wurden nur berücksichtigt, wenn sie den Richtlinien des „Allgemeinen Fürsorgeerziehungstages“ entsprachen.[207]

Für Hessen sind einerseits alle von der Fürsorgeerziehungsbehörde und den Landesjugendämtern belegten Heime verzeichnet und andererseits unter der Rubrik „Sonderheime“ vier Heime für jugendpsychiatrische Beobachtung und Behandlung (klinische Fachabteilungen und kinder- und jugendpsychiatrische Kliniken) aufgeführt.

Die folgende Auflistung lehnt sich weitestgehend an die Angaben des Verzeichnisses an, die unterschiedlich ausführlich sind.[208]

Bingenheim / Hessen, Heil- und Erziehungsinstitut für seelenbedürftige Kinder.
Träger: Heil - und Erziehungsinstitut für seelenbedürftige Kinder e.V.
Jungen und Mädchen aller Altersstufen. Interkonfessionell.
Leiter: Dr. med. Gotthardt Starke, Arzt.
Behandlung und heilpädagogische Förderung von Entwicklungsstörungen jeglicher Genese. Staatlich anerkannte Sonderschule. Ausbildungsmöglichkeiten in Werkstätten.
Es wird auf anthroposophischer Grundlage gearbeitet.
Pro-Seminar des Rudolf - Steiner - Seminars für Heilpädagogik.

Frankfurt / Main, Klinik für Kinder- und Jugendpsychiatrie der Johann-Wolfgang-Goethe Universität
Träger: Land Hessen, Universität Frankfurt
Jungen und Mädchen 0 bis 16 Jahre, interkonfessionell.
Leiter: Prof. Dr. med. H. Harbauer.
Kinder- und jugendpsychiatrische Diagnostik und Therapie.
Kliniksonderschule (30 Plätze).

Marburg / Lahn, Klinik für Kinder- und Jugendpsychiatrie der Philipps-Universität Marburg / Lahn
Träger: Land Hessen, Universität Marburg
Jungen und Mädchen 3 bis 18 Jahre, interkonfessionell.
Leiter: Prof. Dr. med. H. Stutte, ord. Prof. für Kinder- und Jugendpsychiatrie.

---

[207] Fricke, I., S.III
[208] ebd. S.151f

Mitarbeiter: 1 Oberarzt, 7 wissenschaftliche Assistenten, 1 Diplom-Psychologe, Fachärzte für Psychiatrie, Fachärzte für Pädiatrie. Der Klinik angegliedert ist das „Institut für ärztlich - pädagogische Jugendhilfe“ (Erziehungsberatungsstelle), dort sind tätig: 1 Kinder-psychiater, 2 Ärzte, 3 Diplom-Psychologen, 1 Spieltherapeutin, 1 Diplom-Heilpädagoge.
Diagnostik und Therapie psychiatrischer und neurologischer Krankheiten im Kindes- und Jugendalter.
Dreiklassige Heim - Sonderschule. Enge Zusammenarbeit mit den übrigen Fachkliniken der Universität, vor allem mit der Abteilung für Stimm- und Sprachstörungen der HNO-Klinik und dem Institut für Sonderschulpädagogik.

Treysa, Anstalten Hephata, Nervenklinik, Abt. für Kinder- und Jugendpsychiatrie
Träger: Hessisches Brüderhaus e.V. - Anstalten Hephata
Jungen und Mädchen 3 bis 18 Jahre, interkonfessionell.
Leiter: Prof. Dr. med. W. Grüter, Facharzt für Neurologie und Psychiatrie.
Mitarbeiter: 1 Oberarzt, 5 Assistenzärzte.
Diagnostik und Therapie psychiatrischer und neurologischer Erkrankungen im Kindes- und Jugendalter. Begutachtungen für Jugendämter und Gerichte. Es gibt alle Einrichtungen für neurologische Diagnostik und Therapie im Rahmen der Gesamtklinik und Anstalten. In der Regel werden die Stationen als offene Abteilungen geführt, eine geschlossene Unterbringung ist außerdem möglich. Einrichtungen zur heilgymnastische Behandlung und zur Beschäftigungstherapie sind vorhanden und eine Badeabteilung.
Zwölfklassige Heimsonderschule, Heimsonderberufsschule, Schule für praktisch Bildbare, Erziehungsabteilung für Jugendliche mit 18 Meisterbetrieben.
Jugendpsychiatrische, heilpädagogische Fachkräfte und Beschäftigungstherapeuten.
Eröffnung der kinder- und jugendpsychiatrischen Abteilung Ende 1968 bei Fertigstellung der neuen Nervenklinik.
Offene Station: 26 Plätze. Geschlossene Station: bis zu 17 Plätze.
Weitere Heime, die als „Heil- und Erziehungsheim“ oder „Jugendheim“ aufgeführt sind, geben an, eine „jugendpsychiatrische Betreuung“ anzubieten[209]:

---

[209] Fricke, I., S. 76 bis 89. Es werden nur die Heime mit dem Hinweis auf eine jugendpsychiatrische Betreuung aufgeführt.

Jugendheim Haus Lahneck
Buchenau (Lahn)
Träger: Landeswohlfahrtsverband Hessen.
35 Plätze.
Erziehungsheim für Kinder mit Erziehungsschwierigkeiten auf neurotischer Grundlage. Die jugendpsychiatrische Betreuung wird durch die Universitäts-Nervenklinik Marburg / Lahn durchgeführt.

Jugendheim Homberg
Homberg / Kreis Fritzlar-Homberg
Träger: Landeswohlfahrtsverband Hessen
100 Plätze
Erziehungsheim mit jugendpsychiatrischer Betreuung.

Jugendheim Idstein
Idstein im Taunus
Träger: Landeswohlfahrtsverband Hessen
100 Plätze
Erziehungsheim mit jugendpsychiatrischer Betreuung. Es ist eine Lehrausbildung möglich in Hauswirtschaftslehre.

Heilerziehungsheim Kalmenhof
Idstein im Taunus
Träger: Landeswohlfahrtsverband Hessen.
560 Plätze
Erziehungsheim mit jugendpsychiatrischer und psychologischer Betreuung, mit Sondereinrichtungen für geistig behinderte, bildungsfähige Minderjährige.
Eine Lehrausbildung ist möglich in den Berufen: Schlosser, Schreiner, Maler, Metzger, Bäcker, Schuhmacher, Polsterer, Spengler, Maurer.

Jugendheim Staffelberg
Biedenkopf
Träger: Landeswohlfahrtsverband Hessen
160 Plätze
Erziehungsheim mit jugendpsychiatrischer Betreuung, mit einer Beobachtungsstation und einer geschlossenen Station.

Eine Lehrausbildung ist möglich zum Maschinenschlosser, Bauschlosser, Dreher, Elektroinstallateur, Maler, Schreiner, Koch.

Jugendheim Karlshof
Wabern / Bezirk Kassel
Träger: Landeswohlfahrtsverband Hessen
175 Plätze
Erziehungsheim mit jugendpsychiatrischer Betreuung, einer Beobachtungsstation und einer geschlossenen Station. Eine Lehrlingsausbildung wird in den Berufen Schlosser, Schreiner, Maler, Drucker und Setzer, Schneider, Schuhmacher und Gärtner angeboten.

Jugendheim Fuldatal
Guxhagen / Kreis Melsungen
Träger: Landeswohlfahrtsverband Hessen
140 Plätze
Erziehungsheim mit jugendpsychiatrischer Betreuung, einer geschlossenen Station und einer Station für werdende und junge Mütter. Eine Lehrausbildung wird in dem Beruf Schneiderei angeboten.

Jugendheim Steinmühle
Ober-Erlenbach / über Bad Homburg vor der Höhe
Träger: Landeswohlfahrtsverband Hessen
65 Plätze
Erziehungsheim, vorwiegend für debile Minderjährige.
Eine Lehre in der Gärtnerei wird angeboten.

In Hessen stehen 1968 demnach zwei Universitätskliniken für Kinder- und Jugendpsychiatrie und eine Abteilung für Kinder- und Jugendpsychiatrie an einer Nervenklinik zur Verfügung, an denen kinder- und jugendpsychiatrische Diagnostik und Therapie durchgeführt werden kann. Das „Heil- und Erziehungsinstitut Bingenheim“ arbeitet auf anthroposophischer Grundlage und ist deshalb von den anderen Einrichtungen zu unterscheiden.

Ende 1969 befanden sich 47.677 Minderjährige in „Fürsorgeerziehung" (FE) und „Freiwilliger Erziehungshilfe" (FEH) in Heimen.[210] Freiwillige Erziehungshilfe wird vom Jugendamt nach §62 JWG gewährt, wenn die „leibliche, geistige oder seelische Entwicklung eines Minderjährigen gefährdet oder geschädigt ist."[211] Von den oben genannten Minderjährigen waren 29.091 in Erziehungsheimen, 9.416 in eigenen Familien und 3.520 in fremden Familien untergebracht. Es besteht zu diesem Zeitpunkt noch ein großes Angebot an Heimplätzen in Hessen. Der Heimaufenthalt dauerte bei 32,2% der 1969 endgültig aus der FEH entlassenen Minderjährigen 0-12 Monate, bei 45,2% 1-3 Jahre, bei 21,6% 3-10 Jahre. 68,6% durchliefen in dieser Zeit ein Heim, 21,5% zwei Heime 6,7% drei und 3,3% vier und mehr Heime.[212]

Zunehmend wird aber Kritik an den Heimen laut und die Jugendämter versuchen „offene Hilfen" zu verstärken und eine Heimeinweisung zu umgehen. Die Kritik an den Heimen bezieht sich einerseits auf deren ungünstige regionale Lage in Orten, wo keine Sonder- und weiterführenden Schulen und kaum ausreichende Berufsausbildungsmöglichkeiten zur Verfügung stehen. Heime in städtischen Bereichen, mit modernen Berufsausbildungsangeboten in und außerhalb des Heimes, können den Bedarf nicht annähernd decken.[213] Andererseits wird die Versorgung der Kinder und Jugendlichen durch unqualifiziertes Personal beklagt. Nur ein Teil des Heimpersonals hat eine Fachausbildung durchlaufen. Auch die Leiter sind oft fachlich nicht genügend ausgebildet. Stellenmangel und Unterbesetzung sind andere Gründe, die es unmöglich machen auf die einzelnen Kinder und ihre Schwierigkeiten einzugehen. Zu einer „systematischen Therapie, zu therapeutischer Gruppenarbeit und Einzelfallhilfe fehlen in den meisten Heimen personelle, sachliche und räumliche Voraussetzungen."[214]

Zugunsten einer familiennahen und gemeindenahen sozialpsychiatrischen Betreuung geht die Heimbelegung immer mehr zurück und es werden Heimplätze abgebaut.

Zwei Heime geben an „Beobachtungsstationen" zu haben und erinnern damit an die Konzepte in der Kinder- und Jugendpsychiatrie zum Anfang des 20.Jahrhunderts. Die Heime dienen wahrscheinlich noch als „Sammellager" für

---

[210] Der Bundesminister für Jugend, Familie und Gesundheit, Dritter Jugendbericht, S.64

[211] § 62 JWG zitiert nach Dritter Jugendbericht S.64

[212] ebd. S.65

[213] ebd. S.65

[214] ebd. S.65

psychisch auffällige und verhaltensgestörte Kinder und Jugendliche, über deren weiteren Weg erst nach einer Beobachtungszeit entschieden wird.

In drei Heimen gibt es geschlossene Stationen. Diese Stationen werden aber in den 70er Jahren im Rahmen der Psychiatriereform geöffnet. Hessen entschied sich im Sinne des Gedankens „Erziehung statt Strafe“, gegen das „Einsperren“ von Kindern und Jugendlichen in solchen Stationen. Der pädagogische Nutzen dieser geschlossenen Stationen wird seitdem angezweifelt und die Wiedereinrichtung solcher Stationen wird als letzte Maßnahme zur Betreuung, zum Beispiel von jugendlichen Straftätern, angesehen. Die Hoffnung ist, seelische Gesundheit durch Veränderung der sozialen Verhältnisse wesentlich fördern zu können.

Dazu kommt, dass die deutschen Städte und Gemeinden sich heute finanziell nicht in der Lage sehen, solche Stationen zu unterhalten. Nach deren Forderung soll die Finanzierung dieser Einrichtungen, falls wieder geschlossenen Heime eingerichtet werden, als gesamtstaatliche Aufgabe von dem Bund und den Ländern sichergestellt werden.

1990 stellt die Bundesregierung[215] ihre Sichtweise dar und unterscheidet zwischen der geschlossenen Unterbringung als „Dienstleistung für die Justiz“ und einer geschlossenen Unterbringung von strafunmündigen Kindern in besonders gefährdeten Lebenssituationen. Sie führt aus, dass „die Ablehnung einer geschlossenen Unterbringung von nichtstrafmündigen Kindern im Einzelfall auch bedeuten kann, dass sie von der Gesellschaft aufgegeben werden. Dies gilt insbesondere für die Gefährdungen von Kindern in Großstädten. In einem ausgeprägten Prostituierten- und Drogenmilieu kann es vorkommen, dass die Jugendhilfe ansonsten ohnmächtig zusehen muß, wie sich Kinder massiv selber schädigen und Opfer einer selbst verwahrlosten Erwachsenenwelt werden.“[216]

---

215 Bundesminister für Jugend, Familie, Frauen und Gesundheit; Achter Jugendbericht, S.XIII

216 ebd.

8. Verzeichnis der psychiatrischen Krankenhäuser / Abteilungen in Hessen 1993 [217]

25 Jahre später stellt sich die Versorgung psychisch kranker Kinder und Jugendlicher anders dar. Zwischenzeitlich hat eine Enquêtekommission[218] die Lage der Psychiatrie in der Bundesrepublik Deutschland untersucht und in Modellregionen eine zeitgemäße psychiatrische Versorgung erprobt. Die Auswertung erhobener Daten und die Analyse gemachter Erfahrungen hat zu einer Veränderung in der „Psychiatrie - Landschaft" geführt.

Zur umfassenden Versorgung psychisch kranker Kinder und Jugendlicher stehen jetzt in Hessen folgende Institutionen zur Verfügung:

Klinik für Kinder- und Jugendpsychiatrie Rheinhöhe
Eltville / Rhein.
Träger: Landeswohlfahrtsverband Hessen.
60 Betten / Plätze.
-Außenstelle Idstein , Idstein / Taunus
20 Betten / Plätze
-Außenstelle Wiesbaden, Wiesbaden (Institutsambulanz)

Klinik für Kinder- und Jugendpsychiatrie Rehberg
Herborn.
Träger: Landeswohlfahrtsverband Hessen.
88 Betten / Plätze einschließlich interner Tagesklinik.
Institutsambulanz mit Zweigsprechstunden in Hanau, Gelnhausen und Wetzlar.

Klinik für Kinder- und Jugendpsychiatrie Kassel
Kassel.
Träger: Landeswohlfahrtsverband Hessen.
24 Betten / Plätze und 12 Plätze in der Tagesklinik.
Institutsambulanz mit Zweigsprechstunde in Eschwege.

---

[217] Bundesarbeitsgemeinschaft der Träger psychiatrischer Krankenhäuser, S. 50 f

[218] „Die Enquête ist eine amtliche Untersuchung, die besonders zum Zweck der Meinungs-, Bevölkerungs-, Wirtschaftsforschung durchgeführt wird." Zitat nach dem Duden, Bd. 5, 1990

Klinik für Kinder- und Jugendpsychiatrie Lahnhöhe
Marburg / Lahn.
Träger: Landeswohlfahrtsverband Hessen.
72 Betten / Plätze einschließlich interner Tagesklinik.
Institutsambulanz mit Zweigsprechstunde in Bad Hersfeld.

Klinik für Kinder- und Jugendpsychiatrie Hofheim
Riedstadt.
Träger: Landeswohlfahrtsverband Hessen.
80 Betten / Plätze einschließlich interner Tagesklinik.
Institutsambulanz mit Zweigsprechstunde in Heppenheim.

Klinik für Kinder- und Jugendpsychiatrie
im Klinikum der Johann Wolfgang Goethe-Universität
Frankfurt / Main.
Träger: Land Hessen.
30 Betten / Plätze.
Tagesklinik mit 10 Plätzen.

Klinik für Kinder- und Jugendpsychiatrie
im Klinikum der Philipps-Universität Marburg
Marburg.
Träger: Land Hessen.
52 Betten / Plätze.
Tagesklinik mit 12 Plätzen.

In diesen sieben über Hessen verteilten Kliniken und ihren Außenstellen werden Kinder und Jugendliche diagnostiziert und betreut. Daneben gibt es Einrichtungen, die nicht die medizinische, kinder- und jugendpsychiatrische Diagnostik und Therapie in den Vordergrund stellen, sondern die die Förderung und längerfristige Pflege der „seelisch behinderten" Kinder und Jugendlichen mit sozialpädagogischen Angeboten durchführen.

Diese Heime sind teilweise auch auf eine nachklinische Rehabilitation der Kinder und Jugendlichen, mit vorwiegend neurotisch-psychosomatischen Auffälligkeiten, eingerichtet. Vielen Heimen sind private Sonderschulen angeschlossen.

Die Reformgedanken und Reformprozesse seit den 70er Jahren haben auch zu Veränderungen in der Fachsprache geführt.

Der Begriff „Erziehungsheim“ ist überwiegend aus dem Sprachgebrauch verschwunden. Dafür steht „Heilpädagogisches Heim“ und „Sonderpädagogische Einrichtung“ oder „Heil- und Erziehungsinstitut“. Der Erziehungsgedanke hat an Bedeutung nicht verloren, aber es soll der heilende Teil der Erziehung betont werden und die Abkehr von autoritären Strukturen. Heute ist die therapeutische Gemeinschaft und die Gruppe wichtig, um den Kranken zu befähigen realistische Lebensbedürfnisse zu entwickeln.

Der Gedanke der Hilfestellung für den psychisch Kranken findet seinen Ausdruck in dem Gesetzestext des Bundessozialhilfegesetzes (BSHG). Um den psychisch kranken Kindern und Jugendlichen materielle und persönliche Hilfen zu gewähren, werden sie als „seelisch behindert“ bezeichnet. Sie gehören deshalb nach der Definition dieses Gesetzes (BSHG) zu der Gruppe der „seelisch wesentlich Behinderten“, deren Eingliederung in die Gesellschaft in erheblichem Umfang beeinträchtigt ist.[219] Die Aufgabe der Gesellschaft ist es, dieser Personengruppe soziale Hilfe zu leisten.

[219] Bundessozialhilfegesetz § 39 ff

II. Ambulante, interdisziplinäre Einrichtungen für psychisch kranke und hilfsbedürftige Kinder und Jugendliche

Das Netz stationärer, teilstationärer und ambulanter Hilfsangebote für psychisch kranke und hilfsbedürftige Kinder und Jugendliche ist geknüpft aus Angeboten der Kliniken für Kinder- und Jugendpsychiatrie, aus niedergelassenen Ärzten für Kinder- und Jugendpsychiatrie und -psychotherapie, Psychotherapeuten, Fachkräften anderer Berufsgruppen, Gesundheitsamt, Erziehungs- und Familienberatungsstellen, sozialpädiatrischen Zentren, Frühförderstellen, schulpsychologischen Diensten, betreuten Wohnangeboten, Wohn- und Übergangsheimen und speziellen Angeboten der schulischen, beruflichen und sozialen Rehabilitation.

In jedem dieser Systeme Gesundheitswesen, Jugendhilfe / Sozialhilfe und Bildungssystem sind Dienste entwickelt, deren Aufträge und Handlungsspielräume unterschiedlich definiert und eingegrenzt sind.

Das Gesundheitswesen bietet ambulante Behandlung und Beratung der psychisch und emotional problemhaften Kinder und Jugendlichen über niedergelassene Fachärzte für Kinder- und Jugendpsychiatrie, -psychotherapie an, sowie über die Polikliniken und Institutsambulanzen der kinder- und jugendpsychiatrischen Kliniken, zumeist auf der Basis der Ermächtigung des leitenden Arztes. Hinzu kommen die Frühförderstellen und sozialpädiatrischen Zentren und Plätze in Tageskliniken und Übergangseinrichtungen.

Das System der Jugendhilfe leistet sowohl stationäre Hilfen in Heimen mit pädagogischen, heilpädagogischen und auch psychotherapeutischen Konzepten als auch Beratung in Erziehungsberatungsstellen und Drogenberatungsstellen. Das Jugendamt ist das Organ aller öffentlichen Leistungen der Jugendhilfe und zugleich die Stelle der Stützung, Koordination und Planung der Jugendarbeit freier Träger

Die Sozialhilfe finanziert Hilfsangebote, diagnostische und therapeutische Maßnahmen, die nach gutachterlicher Stellungnahme zur Beseitigung oder Verbesserung des „abnormen" Zustandes notwendig sind.

Im Bildungssystem wird Beratung über die staatlichen Schulämter und den schulpsychologischen Dienst angeboten. Eine Verknüpfung der Hilfsangebote zwischen Bildungswesen und Gesundheitswesen findet durch den jugendärztlichen Dienst des Gesundheitsamtes statt.

Außerdem bieten noch eine Reihe anderer Einrichtungen Hilfen für psychisch hilfsbedürftige Kinder und ihre Familien an: Diakonisches Werk, Deutscher Caritasverband, Deutsches Rotes Kreuz, Arbeiterwohlfahrt, Deutscher paritätischer Wohlfahrtsverband, Aktion Psychisch Kranke e.V., Verband Psychosozialer Hilfsvereinigungen e.V., Bundesarbeitsgemeinschaft für Rehabilitation, Lebenshilfe für geistig Behinderte, Hilfe für das autistische Kind, Hessischer Fürsorgeverein für Körperbehinderte e.V., Landesverband Hessen zur Förderung und Betreuung sprach-, hör- und lernbehinderter Kinder e.V., Frankfurter Verein für soziale Heimstätten e.V., Frankfurter Verein zur Unterstützung von psychisch kranken Kindern und Jugendlichen e.V.,Verein zur Betreuung psychisch Kranker e.V., Kinderschutz-Bund, Bürgerhilfe Sozialpsychiatrie e.V.

1. Ambulante psychiatrisch-psychotherapeutische Angebote

In der psychiatrischen Versorgung der Kinder und Jugendlichen geht es in der Regel um sehr komplexe Probleme, die sich durch einen teamorientierten Arbeitseinsatz leichter bewältigen lassen. Heilkundliche Hilfe, wie sie durch die Ausübung der Heilkunde gegeben wird, ist verschiedenen Berufsgruppen erlaubt. Der hochqualifizierte Experte in diesem Team ist der Kinder- und Jugendpsychiater. Mit den Ärzten bieten andere nichtärztliche Berufsgruppen ambulante Angebote zur Versorgung psychisch kranker Kinder und Jugendlicher an. Das sind klinische Psychologen, Psychotherapeuten, Ergotherapeuten, Krankengymnasten, Logopäden, Motopäden, Heilpädagogen, Sonderpädagogen, Sozialpädagogen, Erzieher, Sozialarbeiter, Krankenschwestern und Krankenpfleger.

Die vorliegende Arbeit geht im einzelnen nur auf die ambulanten Angebote durch Fachärzte für Kinder- und Jugendpsychiatrie und -psychotherapie, auf analytische Kinder- und Jugendlichen-Psychotherapeuten und auf Kinder- und Jugendlichenpsychotherapeuten ein. Außer Frage steht die Bedeutung und Wertigkeit aller oben genannten Berufsgruppen in der interdisziplinären Versorgung der hilfsbedürftigen Kinder.

1.1. Niedergelassene Fachärzte für Kinder- und Jugendpsychiatrie und psychotherapie

Am 31.12.1994 waren in Deutschland 647 Ärzte für Kinder- und Jugendpsychiatrie berufstätig, davon 49,1 % Frauen. Von diesen 647 Fachärzten waren 250 niedergelassen, 343 im Krankenhaus beschäftigt und 37 in Behörden, Körperschaften und anderen Institutionen. In sonstigen Bereichen waren 17 Fachärzte tätig.

Eine Anerkennung für Kinder- und Jugendpsychiatrie erhielten 1994 insgesamt 56 Ärzte und für Kinder- und Jugendpsychiatrie und -psychotherapie 30 Ärzte.[220]

1.1.1. Die Entwicklung der Facharztbezeichnung

Die Einführung einer eigenen Gebietsbezeichnung für Kinder- und Jugendpsychiatrie in den Weiterbildungs- und Berufsordnungen der Ärztekammern erfolgte in den alten Bundesländern 1969. Am 12.12.1969, durch die Genehmigung des hessischen Sozialministeriums, wurde die Gebietsbezeichnung „Kinder- und Jugendpsychiatrie" für Hessen übernommen und im „Hessischen Ärzteblatt" in Heft 2 / 1970 mit folgendem Wortlaut veröffentlicht: „Das Fachgebiet Kinder- und Jugendpsychiatrie umfaßt alle Maßnahmen der Erkennung, der nicht- operativen Behandlung, der Prävention, der Rehabilitation und der Begutachtung bei psychischen, psychosomatischen und neurologischen Erkrankungen oder Störungen sowie bei psychischen und sozialen Verhaltensauffälligkeiten im Kindes- und Jugendalter.[221] Weiterbildungszeit: 4 Jahre (2 Jahre Kinder- und Jugendpsychiatrie, davon mindestens 1 ½ Jahre im Stationsdienst. 1 Jahr Psychiatrie und Neurologie und 1 Jahr Kinderheilkunde."[222]

Die Weiterbildungszeit wurde mit Beschluß der Bundesärztekammer im Jahre 1992 auf fünf Jahre verlängert und um den Zusatz - psychotherapie ergänzt.[223]

---

[220] Bundesminister für Gesundheit, Daten des Gesundheitswesens 1995, S.203

[221] Landesärztekammer Hessen, Weiterbildungsordnung für Ärzte (1970).

[222] ebd.

[223] Blank, R. et al.

In der Weiterbildungsordnung für Hessen vom 12. November 1994[224], wird die Facharztbezeichnung auch für Hessen mit dem Zusatz „-psychotherapie" versehen und die Definition des Fachgebietes neu formuliert:

„Die Kinder- und Jugendpsychiatrie und -psychotherapie umfaßt die Erkennung, nichtoperative Behandlung, Prävention und Rehabilitation bei psychischen, psychosomatischen, entwicklungsbedingten und neurologischen Erkrankungen oder Störungen sowie bei psychischen und sozialen Verhaltensauffälligkeiten im Kindes- und Jugendalter. Weiterbildungszeit: 5 Jahre an einer Weiterbildungsstätte gemäß § 8 Abs.1

1 Jahr Kinderheilkunde oder Psychiatrie und Psychotherapie, angerechnet werden kann ½ Jahr Weiterbildung in der Neurologie; 4 Jahre Kinder- und Jugendpsychiatrie und -psychotherapie davon mindestens 2 Jahre im Stationsdienst; 2 Jahre der Weiterbildung können bei einem niedergelassenen Arzt abgeleistet werden."

Damit ist der Kinder- und Jugendpsychiater zugleich auch Psychotherapeut für Kinder, Jugendliche und ihre Familien, und das Fachgebiet der Kinder- und Jugendpsychiatrie enthält ein noch breiteres Aufgabenspektrum. Um diese Leistungen, die auch in die Kinderheilkunde, Psychologie und Pädagogik hineinreichen erbringen zu können, muß der Kinder- und Jugendpsychiater interdisziplinär mit seinen angrenzenden Fachdisziplinen zusammenarbeiten.

1.1.2. Fachgesellschaften

Auf der Frühjahrsversammlung der „Schweizerischen Gesellschaft für Psychiatrie" vom 19. Mai 1933 in Basel lautete zum ersten Mal ein Thema: „Kinderpsychiatrie".

Vorträge dazu hielten E.Glanzmann und Moritz Tramer. Tramer war zu dieser Zeit Präsident der Gesellschaft und für die Wahl des Themas verantwortlich. Er hält sich für den ersten, der den Terminus „Kinderpsychiatrie" für die neue medizinische Disziplin eingeführt hat.[225]

Aus historischer Sicht ist dem französischen Psychiater Manheimer-Gommes die Taufpatenschaft für den Terminus „Kinderpsychiatrie" zuzuerkennen. Er

---

[224] Landesärztekammer Hessen

[225] Tramer, M., S.241

gebrauchte erstmals 1899 in seiner Monographie: „Les troubles mentaux de l´enfance“ mit dem Untertitel: „Précis de psychiatrie infantile“ diesen Begriff.[226]

Die erste zusammenfassende deutschsprachige Darstellung der psychischen Störungen des Kindesalters, wurde 1887 von Hermann Emminghaus (1845-1904) in seiner monographischen Darstellung: „Die psychischen Störungen des Kindesalters“, als Ergänzungsband im „Handbuch der Kinderkrankheiten“ von Carl Gerhardt (1833-1902) gegeben.[227] „Mit seiner Monographie 'Die psychischen Störungen des Kindesalters' legt Emminghaus keineswegs nur eine vom Erwachsenen auf das Kindesalter transportierte Psychopathologie vor, sondern eine aus Direktbeobachtungen an Kindern gewonnene Lehre der psychischen und psychiatrischen Abweichungen dieses Lebensabschnittes. Eine ausführliche Darstellung finden nicht nur die Kinderpsychosen, sondern auch, wenn auch mit anderer Nomenklatur, die Neurosen, die Intelligenz- und Sozialisationsstörungen, die cerebralen Anfallsleiden und exogenen Psychosyndrome.“[228]

Paul Schröder (1873-1941), Ordinarius für Psychiatrie und Neurologie in Leipzig (1925-1939) und Gründer einer Abteilung für Kinder und Jugendliche an seiner Klinik, hat sich 1938 in Deutschland für die Kinderpsychiatrie als eine neue Disziplin eingesetzt, die in Lehrstühlen der medizinischen Fakultäten vertreten sein sollte.

Auf Schröders Initiative wurde am 27. März 1939 auf dem letzten Vorkriegskongreß der „Deutschen Gesellschaft für Psychiatrie und Nervenheilkunde“ in Wiesbaden, eine „Arbeitsgemeinschaft für Kinderpsychiatrie“ formiert, die am 05.09.1940 in Wien, unter dem Protektorat des Nobelpreisträgers Julius Wagner von Jauregg, zur Gründung der „Deutschen Gesellschaft für Kinderpsychiatrie und Heilpädagogik“ führte. Den Vorsitz hatte Paul Schröder.[229] Bereits auf dieser Gründungsversammlung war auch ein Vertreter der „Deutschen Vereinigung für Jugendgerichte und Jugendgerichtshilfen“ anwesend, mit der diese Gesellschaft nach wie vor enge Beziehungen unterhält.[230]

Ein Jahr später starb Schröder, und Werner Villinger (1887-1961) übernahm seine Nachfolge. Villinger konnte während der Kriegsjahre, wegen des von der

[226] Stutte, H., S.189 f
[227] Nissen, G., S.81 f
[228] ebd. S.83
[229] Stutte, H., S.210
[230] Remschmidt, H., Historische Entwicklung der Kinder- und Jugendpsychiatrie. S.4

Regierung angeordneten Kongreßverbotes für alle wissenschaftlichen Gesellschaften, kein Treffen der kinderpsychiatrisch Tätigen organisieren.

„In der Nachkriegszeit kam es 1948, auf dem Kongreß der 'Deutschen Gesellschaft für Psychiatrie und Nervenheilkunde' in Göttingen, zu Bemühungen um die Wiedergründung der 'Gesellschaft für Kinderpsychiatrie und Heilpädagogik'. Im Jahre 1949 fand das erste Nachkriegssymposium der Kinderpsychiater in Marburg statt. 1950 wurde auf dem deutschen Psychiater-Kongreß in Stuttgart die Gesellschaft offiziell wiedergegründet, als 'Deutsche Vereinigung für Jugendpsychiatrie'. Im Jahre 1973 wurde der Name der Gesellschaft geändert in 'Deutsche Vereinigung für Kinder- und Jugendpsychiatrie' und im Jahre 1976 in 'Deutsche Gesellschaft für Kinder- und Jugendpsychiatrie' (DGKJ).[231]

Im Jahre 1978 wurde der Berufsverband der deutschen Ärzte für Kinder- und Jugendpsychiatrie gegründet".[232]

Nach 1990 schlossen sich die ostdeutsche und westdeutsche Fachgesellschaft, unter der Bezeichnung „Deutsche Gesellschaft für Kinder- und Jugendpsychiatrie" zusammen. Die erste gesamtdeutsche Tagung fand 1991 in Bad Homburg vor der Höhe unter der Leitung von Fritz Poustka statt.

Im Jahre 1994 wurde die Gesellschaft umbenannt in „Deutsche Gesellschaft für Kinder- und Jugendpsychiatrie und -psychotherapie".[233]

---

231 ebd. S.4

232 Vorstand der Deutschen Gesellschaft für Kinder- und Jugendpsychiatrie. Denkschrift zur Lage der Kinder- und Jugendpsychiatrie in der Bundesrepublik Deutschland. S.26

233 Remschmidt, H., Entwicklungstendenzen der Kinder- und Jugendpsychiatrie. S.446 f.

1.1.3. Wissenschaftliche Zeitschriften

Wissenschaftliche Zeitungen sind unverzichtbare spezielle Kommunikationsmittel. Sie sind die beste Möglichkeit, allgemein interessierende Vorgänge einer Anzahl von Fachleuten darzubieten und sie auf diese Weise zu informieren. Aus diesem Grund wurde 1898 die Zeitschrift „Die Kinderfehler" gegründet, die später umbenannt wurde in „Die Zeitschrift für Kinderforschung". Mit Erscheinen des 50. Bandes, ungefähr um 1940, mußte sie ihr Erscheinen einstellen. Mit dem „Jahrbuch für Jugendpsychiatrie und ihre Grenzgebiete" schufen Villinger und Stutte ab 1956 ein neues wissenschaftliches Medium. Später wurde es von Stutte alleine herausgegebenen. Ab 1973 fand es als „Zeitschrift für Kinder- und Jugendpsychiatrie" seine Fortsetzung.[234]

Tramer hatte 1933 erstmals das Thema „Kinderpsychiatrie" auf einer Versammlung seiner „Schweizerischen Gesellschaft für Psychiatrie" angesetzt und brachte in der Fortführung seines Interessengebietes 1934 die „Zeitschrift für Kinderpsychiatrie" heraus, die bis 1984 als „Acta paedopsychiatrica" fortgeführt wurde.

1951 wurde die „Praxis der Kinderpsychologie und Kinderpsychiatrie" von Annemarie Dührssen und Werner Schwidder begründet, die zehnmal jährlich erscheint und nach einem zunächst mehr psychoanalytischen Schwerpunkt jetzt interdisziplinär veröffentlicht. [235]

Ein aktuelles Problem wissenschaftlicher Zeitungen ist, dass sie einer Einstufung durch den „Social-Sience-Citation-Index" unterzogen werden, hinsichtlich der Häufigkeit in der sie in anderen Publikationsorganen zitiert werden. Zitiert werden englische Publikationen. Rein deutschsprachige Zeitschriften haben weniger Aufmerksamkeit.

Das Ergebnis dieser Einstufung ist der „Impact-Factor". Dieser „Impact-Factor" wird zunehmend zur Bewertung wissenschaftlicher Leistungen und bei der Vergabe von Forschungsmitteln herangezogen.

Da zum Beispiel Universitätsbibliotheken heutzutage nur über begrenzte Mittel verfügen, werden Zeitschriften mit niedriger Einstufung abbestellt.[236]

---

[234] Remschmidt, H., Historische Entwicklung der Kinder- und Jugendpsychiatrie. S.4

[235] Remschmidt, H., Historische Entwicklung der Kinder- und Jugendpsychiatrie. S.4

[236] Finzen, A., Die „Psychiatrische Praxis": Wissenschaftlich, lesefreundlich.

1.2. Analytischer Kinder- und Jugendlichen-Psychotherapeut

In Frankfurt am Main wurde im April 1972 der Verein „Institut für analytische Kinder- und Jugendlichen-Psychotherapie in Hessen e.V." gegründet, [237] und gehörte damit mit Hamburg zu den nach 1970 zuletzt gegründeten Instituten. Diese Institute sind „überwiegend an der Schulrichtung von Schultz-Hencke, aber auch C.G.Jung oder an der synoptischen Ausrichtung von Freud/Jung orientiert."[238]

Der Verein setzte sich als Aufgabe: Ausbildung, Informations- und Fortbildungskurse und tiefenpsychologisch-analytische Forschung. Der institutseigenen Satzung, sowie der Ausbildungs- und Prüfungsordnung, lagen die „Richtlinien der ständigen Konferenz der Ausbildungsstätten für analytische Kinder- und Jugendlichen-Psychotherapie" als Orientierung zugrunde. Die Gründer des Instituts waren Ärzte und Psychologen, Pädagogen, Juristen und Sozialarbeiter.

Seit 1973 ist die „Analytische Kinder- und Jugendlichen-Psychotherapie" als wissenschaftlich fundiertes Heilverfahren festgeschrieben und seit 1971 Teil der kassen- und vertragsärztlichen Versorgung.

1.3. Kinder- und Jugendlichenpsychotherapeut

Am 1.Januar 1999 tritt ein Gesetz in Kraft, das vom Bundestag am 16.Juni 1998 beschlossen wurde. Die heilkundliche Kinder- und Jugendlichenpsychotherapie kann dann von approbierten „Kinder- und Jugendlichenpsychotherapeuten" ausgeübt werden. Die Ausübung von Psychotherapie wird vom Gesetzgeber definiert als: „jede mittels wissenschaftlich anerkannter psychotherapeutischer Verfahren vorgenommene Tätigkeit zur Feststellung, Heilung oder Linderung von Störungen mit Krankheitswert, bei denen Psychotherapie indiziert ist. Im Rahmen einer psychotherapeutischen Behandlung ist eine somatische Abklärung herbeizuführen." Zur Ausübung von Psychotherapie gehören nicht psychologische Tätigkeiten, die die Aufarbeitung und Überwindung sozialer Konflikte oder sonstige Zwecke außerhalb der Heilkunde zum Gegenstand haben."[239]

---

[237] Müller-Brühn, E., S.654

[238] ebd. S.663

[239] Bundesministerium der Justiz, S. 1311

Voraussetzung für den Zugang zu der Ausbildung ist entweder ein Abschluss im Studiengang Psychologie, der das Fach Klinische Psychologie einschließt oder eine bestandene Abschlussprüfung im Studiengang Pädagogik oder Sozialpädagogik.

Die Ausbildung dauert in Vollzeitform mindestens drei Jahre, in Teilzeitform mindestens fünf Jahre. Sie besteht aus einer praktischen Tätigkeit, die von theoretischer und praktischer Ausbildung begleitet wird, und schließt mit dem Bestehen der staatlichen Prüfung ab.

2. Institutsambulanzen

Bei Kindern und Jugendlichen besteht im besonderen Maße die Notwendigkeit der Einbeziehung von Familie und Schule in die Therapie. Prävention und Wiedereingliederung machen regionale Kooperation und Koordination mit niedergelassenen Kinderärzten, Kinder- und Jugendpsychiatern, den Beratungsstellen, den Institutionen der schulischen und beruflichen Bildung sowie den Einrichtungen der Erziehungs- und Jugendhilfe erforderlich.

Im Unterschied zum niedergelassenen Arzt arbeitet in der Institutsambulanz ein ärztlich geleitetes multiprofessionelles Team - Ärzte, Psychologen, Sozialarbeiter, Bewegungstherapeuten, Heilpädagogen, Logopäden -, in Anbindung an kinder- und jugendpsychiatrische Universitätskliniken, Landeskrankenhäuser und kinder- und jugendpsychiatrische LWV- Kliniken. Diese Ambulanzteams bieten vor allem in ländlichen Regionen aufsuchende Hilfe an.

Mit Hilfe tagesklinischer und ambulanter Behandlung kann bei entsprechender Indikation die Behandlung abgestuft werden, ohne dass die Therapeuten in jedem Falle wechseln müssen (Konstanz der therapeutischen Beziehung). Die Therapeuten des Krankenhauses sind zu enger Kooperation mit niedergelassenen Ärzten, Behandlungsstellen, anderen Krankenhäusern und komplementären Einrichtungen verpflichtet. Die Institutsambulanzen sollen auch konsiliarische Leistungen in Einrichtungen der Jugendhilfe erbringen.[240]

Die Institutsambulanz ergänzt das Angebot der niedergelassenen Nervenärzte und Psychotherapeuten. Nach § 118 Abs.1 SGB V sind die Psychiatrischen Krankenhäuser und Kliniken für Kinder- und Jugendpsychiatrie vom Zulassungsausschuß für Ärzte zur ambulanten Behandlung zu ermächtigen. Dies ist

[240] Landeswohlfahrtsverband Hessen, 3. Institutsambulanzen, In: Gemeindepsychiatrie 3.

für alle Institutsambulanzen gemäß Beschluß des Zulassungsausschusses vom 18.7.1989 geschehen.[241]

Die Institutsambulanz der Klinik „Rheinhöhe“ bietet Zweigsprechstunden in Wiesbaden und Idstein an, die der Klinik Rehberg in Hanau und Gelnhausen, die der Klinik Hofheim in Heppenheim und die der Klinik Lahnhöhe in Kassel. Die geplanten Zweigsprechstunden der Klinik Lahnhöhe sind in Bad Hersfeld und Fulda.[242]

Institutsambulanzen in Riedstadt, Herborn und der Klinik „Rheinhöhe" (Eltville) mit Außenstellen in Wiesbaden und Idstein, nahmen im Jahr 1981 ihre Arbeit auf. Diese Angebote wurden aus Mitteln des Modellprogrammes „Psychiatrie" der Bundesregierung finanziell unterstützt. Das Modellprogramm war Ergebnis des Abschlußberichtes, den die Enquête-Kommission der Bundesregierung über die Lage der Psychiatrie in der Bundesrepublik Deutschland 1975 vorlegte.

Die Klinik für Kinder- und Jugendpsychiatrie Hofheim betreibt eine Institutsambulanz in Heppenheim und eröffnete 1997 eine zweite Institutsambulanz in Höchst im Odenwald.[243]

---

241 Landeswohlfahrtsverband Hessen, Psychiatrische Krankenhäuser und Kliniken für Kinder- und Jugendpsychiatrie des LWV Hessen 1985-1989, S.36

242 ebd.

243 Landeswohlfahrtsverband Hessen, Psychiatrische Krankenhäuser und Kliniken für Kinder- und Jugendpsychiatrie des LWV Hessen 1985-1989, S.38

3. Sozialpädiatrische Zentren

In einer Veröffentlichung aus dem Jahre 1953 wird vom Chefarzt einer Städt. Kinderklinik in Essen über die „Erziehungsberatung“ an seiner Kinderklinik berichtet.[244] Dieses ambulante und stationäre Angebot könnte heute als sozialpädiatrisches Zentrum für Kinder- und Jugendliche gelten: „In einer Gemeinschaftsarbeit von Ärzten, Psychologen, Pädagogen und fürsorgerischen Fachkräften werden erziehungsschwierige Kinder nach den neuesten Grundsätzen und Erfahrungen aller an der Untersuchung Beteiligten begutachtet. In gemeinsamen Besprechungen wird die Diagnose erörtert, ein Behandlungsplan aufgestellt und die weitere Entwicklung kontrolliert. Das gesamte Rüstzeug der Medizin, der theoretischen und angewandten Psychologie, der allgemeinen und der Heilpädagogik sowie die Möglichkeiten der fürsorgerischen Arbeit kommen bei dieser Art des Einsatzes für jedes einzelne schwierige Kind voll zur Geltung. Für die somatischen Untersuchungen während der Sprechstunde stehen Ärzte der Kinderklinik zur Verfügung. Die stationäre Beobachtung und die gesamte klinische Differentialdiagnostik kann auf einer besonderen Beobachtungsabteilung der Kinderklinik mit allem notwendigen Rüstzeug durchgeführt werden. Die Psychodiagnostik wird mit einer möglichst konstanten Testserie durchgeführt. Dem größten Teil der Kinder kann mit Maßnahmen im Sinne der ‘Beratung’ geholfen werden. Die Erziehungsberatung an der Kinderklinik Essen besteht seit 3 Jahren. In dieser Zeit wurden annähernd 800 Kinder nach den Grundsätzen der Gemeinschaftsarbeit untersucht.“

Sozialpädiatrie ist nicht nur Teil der Pädiatrie, sondern auch der Kinder- und Jugendpsychiatrie. Nach der „Vereinbarung über besondere Maßnahmen zur Verbesserung der sozialpsychiatrischen Versorgung von Kindern- und Jugendlichen im Ersatzkassenbereich“ -Sozialpsychiatrie-Vereinbarung-[245] sollen Sozialpädiatrie und Kinder- und Jugendpsychiatrie zusammenarbeiten: „Diese Vereinbarung dient der Förderung einer qualifizierten sozialpsychiatrischen Behandlung von Kindern und Jugendlichen in der ambulanten vertragsärztlichen Versorgung. Im Vordergrund steht dabei der gezielte Ausbau solcher Behandlungsangebote, die für eine sinnvolle kontinuierliche Betreuung der betroffenen Patienten erforderlich sind, im Katalog der abrechnungsfähigen Leistungen nach der

---

244 Bossert, O.; Bleckmann,-

245 Kassenärztliche Bundesvereinigung, Verband der Angestellten Krankenkassen, Arbeiter-Ersatzkassenverband. „Sozialpsychiatrie-Vereinbarung“.

Ersatzkassengebührenordnung jedoch nicht aufgeführt werden. Hierdurch soll vorwiegend bei komplexen sozialpädiatrischen und psychiatrischen Behandlungsproblemen die ambulante ärztliche Betreuung als Alternative zur stationären Versorgung und anderen institutionellen Betreuungsformen ermöglicht werden. Der an dieser Vereinbarung teilnehmende Arzt muß die interdisziplinäre Zusammenarbeit medizinischer, psychologischer, pädagogischer und sozialer Dienste gewährleisten."

Die klinische Sozialpädiatrie geht davon aus, dass insbesondere bei Säuglingen und Kleinkindern die psychische Entwicklung eng mit der somatischen zusammenhängt und daher ganzheitlich in das Gebiet der Pädiatrie fällt. Darauf baut das Konzept der Frühförderung und Frühberatung auf. Die Diagnostik und Behandlung beginnt häufig schon mit dem 1. Lebensjahr. Mittlerweile haben viele Kinder schon das Schulalter erreicht, wo sie weitere qualifizierte Hilfe in der Sozialpädiatrie suchen Die Sozialpädiatrie des älteren Kindes und Jugendlichen ist in den meisten Fällen keine „klassische" Pädiatrie mehr, sondern eine Integration von Pädiatrie und Kinder- und Jugendpsychiatrie. Eine enge Kooperation mit der Kinder- und Jugendpsychiatrie, die ihren Schwerpunkt im Jugendlichenbereich hat, erscheint hier besonders sinnvoll.

Nach der Aufstellung des hessischen Ministeriums für Jugend, Familie und Gesundheit vom Juli 1994, gab es in Hessen zu diesem Zeitpunkt 7 sozialpädiatrische Zentren, die bis auf ein Zentrum in Frankfurt, in Angliederung an Kinderkliniken arbeiteten.

Die Zentren bieten eine umfassende Diagnostik bei behinderten und von Behinderung bedrohten Kindern, nach Überweisung durch den Arzt, an. Aufgrund der interdisziplinären Diagnose (Arzt, Sozialarbeiter, Psychologe, Krankengymnast, Ergotherapeut, Logopäde) wird ein Förderkonzept erarbeitet, das am Wohnort der Familie ausgeführt werden kann.

Sozialpädiatrische Zentren sollen Ergänzungsversorgung zu Frühförderstellen sein, nicht Basisversorgung. Eine enge Kooperation von überweisendem Kinderarzt, Sozialpädiatrischem Zentrum und Frühförderstelle ist notwendig.[246]

Theodor Hellbrügge gab 1979 erstmals die Zeitschrift „Sozialpädiatrie" heraus. Sie wurde, erweitert um den Titel „Kinder- und Jugendheilkunde", als Fortbildungszeitschrift vor allem für die pädiatrische Praxis zum Organ der Deut-

---

[246] Hessisches Ministerium für Jugend, Familie und Gesundheit. Hessisches Ministerium für Frauen, Arbeit und Sozialordnung. Landeswohlfahrtsverband Hessen. Informationen über Frühförderangebote in Hessen.

schen und Internationalen Akademie für Entwicklungs-Rehabilitation. 1996 wurde diese Fachzeitung abgelöst von der „Kinderärztlichen Praxis", die der „Deutschen Gesellschaft für Sozialpädiatrie und Jugendmedizin als Organ dient.[247]

4. Frühberatungsstellen

Das Land Hessen hat erstmals im März 1987 „Vorläufige Richtlinien für die Frühförderung behinderter und von Behinderung bedrohter sowie entwicklungsgefährdeter bzw. entwicklungsverzögerter Kinder" als Handlungsrahmen für die Frühförderarbeit herausgegeben.[248] Die Arbeit der Frühförderstellen wird vom Land und Landeswohlfahrtsverband Hessen durch jährliche Zuschüsse unterstützt.[249]

Dem rechtzeitigen Erkennen von Entwicklungsverzögerungen oder Entwicklungsgefährdungen, von drohenden oder bestehenden Behinderungen kommt vordringliche Bedeutung zu. Die Früherkennung ist wesentliche Voraussetzung dafür, dass die erforderlichen Maßnahmen der Frühbehandlung und Frühförderung rechtzeitig eingeleitet werden können. Ziel der Frühförderung ist es, „die Kinder in ihrer Entwicklung so zu fördern, dass sie ihre Anlagen und Fähigkeiten entfalten und am Leben in der Gemeinschaft teilnehmen können."[250]

Die Frühförderstellen sind „offene Anlaufstellen", das heißt dass eine Kostenregelung vor der Kontaktaufnahme erst einmal nicht notwendig ist.

In der Frühförderstelle arbeiten verschiedene Berufsgruppen wie Ärzte, Ergotherapeuten, Krankengymnasten, Logopäden, Motopäden, Pädagogen, Sozialarbeiter und Psychologen zusammen. Ihre Beratungs- und Förderangebote werden untereinander und mit den Eltern abgestimmt und in einem Förderplan festgelegt.

Neben den niedergelassenen Ärztinnen und Ärzten, insbesondere den Kinder- und Hausärztinnen und -ärzten und den Fachkrankenhäusern, leistet der

[247] Hellbrügge, T.

[248] Hessisches Ministerium für Jugend, Familie und Gesundheit. Hessisches Ministerium für Frauen, Arbeit und Sozialordnung. Landeswohlfahrtsverband Hessen. Informationen über Frühförderangebote in Hessen.

[249] ebd.

[250] Hessisches Ministerium für Frauen, Arbeit und Sozialordnung. Frühförderung in Hessen.

Kinder- und Jugendärztliche Dienst der Gesundheitsämter zusammen mit den Eltern und Fachkräften in Kindergärten und Kindertageseinrichtungen einen wichtigen Beitrag zur Früherkennung von Entwicklungsproblemen.

Nach §181 RVO haben seit Mitte 1971 Säuglinge, Kinder und auch Jugendliche Anspruch auf Vorsorgeuntersuchungen zur Früherkennung von Krankheiten, die die körperliche, geistige oder psychosoziale Entwicklung des Kindes in besonderem Maße gefährden. Das gleiche gilt im Rahmen der vorbeugenden Gesundheitshilfe gemäß § 36 BSHG (Bundessozialhilfegesetz), sowie für privat Krankenversicherte nach den Maßgaben des Versicherungsvertrages. Das Ergebnis der Untersuchungen wird in einem Vorsorgeheft dokumentiert, das bei den Eltern bleibt.[251]

4.1. Bundesvereinigung Lebenshilfe für geistig Behinderte e.V.

Am 23.11.1958 wurde in der Bibliothek der kinder- und jugendpsychiatrischen Klinik der Philipps-Universität Marburg die Eltern- und Selbsthilfeorganisation „Lebenshilfe für das geistig behinderte Kind" gegründet.

Die Gründung der Lebenshilfe geht entscheidend auf die Initiative des Holländers Tom Mutters und den damaligen Kliniksdirektor Hermann Stutte zurück. Tom Mutters war in der Nachkriegszeit Verbindungsoffizier der Internationalen Flüchtlingsorganisation. Er war so betroffen von dem Elend 54 geisteskranker Kinder in der Anstalt Goddelau, dass er sich direkt an den Flüchtlings-Hochkommissar der Vereinten Nationen wandte, um schnellstmöglich Geld für Kleider und Ausrüstungsgegenstände zu bekommen.[252] Diese Erlebnisse bewogen ihn, sich weiterhin für die Interessen Behinderter einzusetzen und führten 1958 zur Gründung des Vereins „Lebenshilfe" Deutschland. Mitbegründet wurde in Marburg das „Kerstin-Heim und Internat", mit einer Schule für geistig behinderte und autistische Kinder.[253]

---

[251] ebd.

[252] Lebenshilfe Nr.1/ 1994, S.6

[253] Remschmidt, H., Philipps-Universität Marburg, Klinik und Poliklinik für Kinder- und Jugendpsychiatrie. Fünfjahresbericht 1988-1992. S.1

Vereinsmitglieder setzten in der Folgezeit den Bau von Sonderkindertagesstätten, Sonderschulen für praktisch bildbare Kinder, Werkstätten für Behinderte, Wohnheime und familienentlastende Dienste durch.[254]

Im November 1990 hat die Mitgliederversammlung der Bundesvereinigung Lebenshilfe ein Grundsatzprogramm verabschiedet, das Maßstäbe setzt und eine Orientierung gibt für die Anliegen geistig behinderter Menschen und ihrer Angehörigen, die der Verband in der Zukunft umsetzen will. Grundsätzlich dienen die sozialpolitischen und fachlichen Anstrengungen der Bundesvereinigung der Sicherung eines menschenwürdigen Lebens für Menschen mit geistiger Behinderung und ihrer Angehörigen.

Die Bundesvereinigung gibt über ihren Lebenshilfe-Verlag eine Zeitschrift „Lebenshilfe“ heraus und verlegt Bücher zum Themenbereich.[255]

---

[254] Lebenshilfe Nr.1/1994, S.6

[255] Bundesvereinigung Lebenshilfe e.V., Grundsatzprogramm der Lebenshilfe.

5. Erziehungsberatungsstellen

Im ambulanten Bereich zählen die Erziehungsberatungsstellen und Familienberatungsstellen zum System der Jugendhilfe.

Im Durchschnitt der Bundesrepublik und Berlin West stand 1990 für rund 77000 Einwohner eine Erziehungsberatungsstelle zur Verfügung.[256]

Im Staatsanzeiger Nr. 33 für das Land Hessen veröffentlichte der Hessische Minister des Innern mit Datum vom 14.07.1950 die Mitteilung, dass „im Monat Mai die mit amerikanischer Unterstützung gegründete Erziehungsberatungsstelle Marburg ihre Tätigkeit aufgenommen hat."[257]

„Zweck dieser Einrichtung ist es, Eltern und Pflegeeltern, Jugendämter, Kindergärten, Jugend- und Vormundschaftsgerichte, Heimleiter, Jugendpflegeorganisationen und alle, denen Minderjährige zur Betreuung und Führung anvertraut sind, zu beraten bei der Beurteilung und Behandlung von Kindern und Jugendlichen mit Verhaltensauffälligkeiten oder Erziehungsschwierigkeiten jeglicher Art.

Die Arbeit der Beratungsstelle ist getragen von der Überzeugung, dass eine von wissenschaftlichen Erkenntnissen geleitete, individualisierende Erziehung das Ausmaß der heute bestehenden Jugendnot wesentlich einzudämmen vermag.

Ihre Hauptaufgabe sieht sie deshalb auch in der Vorbeugung abartiger Charakterentwicklungen, kindlicher Neurosen, dissozialer oder krimineller Entwicklungen durch möglichst frühzeitige Erfassung und Behandlung der Sorgenkinder und fachkundiger Beratung der Eltern und Erziehungsbeauftragten.

Im einzelnen bietet die Beratungsstelle ihre Hilfe an den Eltern und Erziehern bei kindlicher Verhaltensauffälligkeit jeder Form und Schwere: Trotzphasen, Pubertätskrisen, kindlichen Lügen, Stehlen und Davonlaufen, sog. Kinderfehlern (Bettnässen, Nägelkauen, nächtliches Aufschreien, Onanie usw.), Sprachstörungen, körperlich-geistigen Entwicklungsanomalien (Entwicklungshemmungen, Frühreife u.ä.), den Schulbehörden bei der Beurteilung der Schulreife, Hilfsschulbedürftigkeit oder besonderen schulischen Förderungswürdigkeit eines Kindes, der Behandlung von Störern oder Versagern aus charakterlichen Gründen, den Jugendämtern bei der Beurteilung von pflege- und fürsorgebedürftigen Kindern und der Beratung über die Art der fürsorgerischen und sozialpädagogischen Maßnahmen. Den Jugendstraf- und Jugendschutzkammern

---

[256] Specht, F.

[257] Hessischer Minister des Innern, Richtlinien für Erziehungsberatungsstellen, 1956.

sowie Vormundschaftsgerichten bei der Beurteilung der strafrechtlichen Verantwortlichkeit krimineller Jugendlicher, der Entscheidung über die Form der gerichtlich anzuordnenden Erziehungs- oder Strafmaßnahmen, bei der Beurteilung der Glaubwürdigkeit von Zeugenaussagen Jugendlicher vor Gericht und bei den Entscheidungen über die zweckmäßigste Form der Unterbringung von Kindern aus geschiedenen Ehen, den Kindergärten und Erziehungsheimen bei der Beurteilung und Behandlung von erziehungsschwierigen, störenden oder irgendwie auffälligen Kindern, bei der Berufsberatung und sozialprognostischen Beurteilung von Fürsorge- Zöglingen und dergleichen.

Die praktische Arbeit der Erziehungsberatungsstelle lehnt sich an die Methodik der angelsächsischen „child guidance clinic“ an. Sie bemüht sich um eine allseitige Erfassung des kindlichen Wesens und Eigenart unter Anwendung der Erkenntnisse, Untersuchungs- und Behandlungsmethoden der modernen Psychologie und Charakterkunde, der Entwicklungs- und Konstitutionsbiologie, der Jugendpsychiatrie, Heilpädagogik und Tiefenpsychologie. Nach dem angloamerikanischen Vorbild wird die Erziehungsberatungsstelle gemeinsam geleitet von Jugendpsychiatern, Jugendpsychologen und Sozialfürsorgerin (social worker). Letzterer obliegt die Fühlungsnahme mit den ratsuchenden Eltern und Instanzen, die Einleitung und Lenkung etwa erforderlicher sozialpädagogischer Maßnahmen und die Aufrechterhaltung des Kontaktes mit dem betreuten Jugendlichen selbst.

Die Marburger Beratungsstelle steht unter der Leitung von Herrn Professor Dr. med. Villinger, dem mehrere speziell jugendpsychiatrisch ausgebildete Ärzte der Universitäts- Nervenklinik zur Seite stehen. Als Psychologe und Pädagoge steht Herr Professor Dr. phil. A. Busemann, ein auf dem Gebiet der Jugendpsychologie und Sonderpädagogik besonders erfahrener Wissenschaftler zur Verfügung. Die Stelle der ‘social worker’ ist mit Frau Dr. med. Landwehr besetzt, die viele Jahre als Fürsorgerin praktisch tätig gewesen ist.

Die Beratungsstelle ist vorläufig untergebracht in gesonderte Räumen der Universitäts- Nervenklinik, Marburg a.d. Lahn, Ortenbergstr. 8, soll aber, möglichst noch im Laufe dieses Jahres, in einen getrennt von der Klinik geplanten Neubau übersiedeln.

Die Sprechstunden für ambulante Untersuchungen und Beratungen finden statt: Montag und Donnerstag Vormittag von 10-12 Uhr (in erster Linie für Auswärtige). Dienstag und Freitag Nachmittag von 15-17 Uhr (vor allem für Kinder aus Marburg und näherer Umgebung).

Bei der gleichzeitigen Überweisung von mehreren Jugendlichen ist vorherige Anmeldung erwünscht.

Vorgesehen ist die Einrichtung von Spielnachmittagen, Gruppentherapie und sonstigen sonderpädagogischen Veranstaltungen, sowie von gesonderten Elternsprechstunden.

Die Beratung erfolgt kostenlos. Behördlichen Stellen werden kurze Behandlungsberichte auf Ersuchen ebenfalls kostenlos übermittelt. Wissenschaftlich begründete Gutachten werden prinzipiell in Anlehnung an die Preugo berechnet, doch können in besonders gelagerten Fällen Ausnahmen gemacht werden.

Wiesbaden, 14.7.1950. Der Hessische Minister des Innern - Abt. VII / Öffentl. Gesundheitswesen. Az.: 48 f." [258]

Die Struktur dieser Erziehungsberatungsstelle ist geprägt von Werner Villinger, der in Hamburg als erster hauptamtlicher Psychiater beim Jugendamt Hamburg von 1926 bis 1934 gearbeitet hatte und für ein eigenes Dezernat an dieser Behörde eingetreten war, im Sinne einer heilpädagogischen Beratungsstelle.

Im Erlass des Hessischen Ministers des Innern vom 21.3.1956 wird die Aufgabenstellung der Erziehungsberatungsstellen im heutigen Sinne festgelegt, bezugnehmend auf § 4 Abs. 2 RJWG (Reichsjugendwohlfahrtsgesetz) in der Fassung vom 28.8.1953:

„Zu den Aufgaben des § 4 Abs.1 Ziff.1 RJWG 'Beratung in Angelegenheiten der Jugendlichen' gehört, neben der allgemeinen Beratungstätigkeit, welche Jugendämter, Gesundheitsämter und Schulen in erzieherischer, gesundheitlicher und fürsorgerischer Hinsicht ausüben, auch die Einrichtung von Erziehungsberatungsstellen.

Um jedoch sicherzustellen, dass die Erziehungsberatungsstellen die Aufgaben der Erziehungs- und Familienhilfe in fachgemäßer Weise sowie im Sinne der Ziele und Aufgaben der öffentlichen Jugendhilfe erfüllen, sind bestimmte Mindestanforderungen notwendig. Gemäß Artikel II des Gesetzes zur Änderung von Vorschriften des RJWG vom 28.8.1953 sind die Aufgaben des § 4 RJWG Pflichtaufgaben der Jugendämter. Es ist somit Aufgabe der Jugendämter bzw. der Gemeinden und der Gemeindeverbände, Erziehungsberatungsstellen 'anzuregen, zu fördern und gegebenenfalls zu schaffen'. (§ 4 RJWG). Voraussetzung für eine Förderung mit Landesmitteln und Mitteln des Landeswohlfahrtsverbandes ist, dass die Erziehungsberatungsstelle anerkannt bzw. vorläufig anerkannt ist, von den Jugendämtern und der Fürsorgeerziehungsbehörde in Anspruch ge-

---

[258] Hessischer Minister des Innern. Erziehungsberatungsstelle Marburg. 1950.

nommen wird und die Stadt- und Landkreise in einem ihrer Finanzkraft entsprechenden Umfang an der Finanzierung der Erziehungsberatungsstelle beteiligt sind.“[259]

Die Richtlinien vom 20.11.1980 beziehen sich dann auf den § 5 Abs.1 Ziff.1 des Jugendwohlfahrtgesetzes (JWG). Sie nehmen ausführlich zur weitgespannten Aufgabenstellung, der Arbeitsweise der Erziehungsberatung, zur personellen Besetzung und zum Angebot von Hilfen Stellung.[260] Nach diesen Vorgaben müssen die Erziehungsberatungsstellen mit besonders qualifiziertem Personal ausgestattet sein, wodurch diese Stellen hohe Kosten verursachen.

Im Oktober 1990 werden überarbeitete Richtlinien im Staatsanzeiger veröffentlicht, unter Hinweis auf das KJHG (Kinder- und Jugendhilfe Gesetz). Zur Aufgabe der Jugendhilfe gehört, nach dem § 28 des KJHG, die Erziehungsberatung. Träger von Erziehungsberatungsstellen können Gemeinden oder Gemeindeverbände sowie die Voraussetzungen von § 75 KJHG erfüllenden Träger der freien Jugendhilfe sein.[261]

Die Beratung in Fragen der Erziehung ist heute zu einer der wichtigsten Aufgaben der öffentlichen Jugendhilfe geworden. Insbesondere ist die Tätigkeit der Erziehungsberatungsstellen von großer familienpädagogischer Bedeutung. Sie umfasst eine allgemeine Beratung von Eltern und anderen Erziehern durch Fachkräfte des Jugendamtes, in Form methodisch angeleiteter Einzelfallhilfe. Außer der speziellen Beratung gehört dazu auch die Behandlung mit zum Beispiel Spieltherapiegruppen und Mototherapiegruppen.

Die Erziehungsberatungsstellen sind meist aus dem Jugendamt ausgelagert, um eventuelle „Schwellenängste“, die mit Amtsgängen verbunden sein können, niedrig zu halten.

Der Erziehungsberatung muss eventuell vorhandene seelische Störungen des Kindes oder Jugendlichen analysieren und die Ursachen klären. Dann hat sie die Eltern über den Grund der Störungen und der Schwierigkeiten ihres Kindes in geeigneter Weise aufzuklären, sie zu beraten, ihnen ihren eventuellen Anteil an diesen Störungen deutlich zu machen und sie zur Selbsthilfe zu befähigen. Falls erforderlich schliesst sich daran die Therapieplanung an, die im Einvernehmen mit den Eltern und im Zusammenwirken mit den sonstigen beteiligten Personen und Stellen durchzuführen ist. Die Therapie kann in Form von heilerzieheri-

[259] Hessischer Minister des Innern, Richtlinien für Erziehungsberatungsstellen. 1956.

[260] Hessischer Minister des Innern, Richtlinien für Erziehungsberatungsstellen. 1980.

[261] Hessisches Sozialministerium. Richtlinien für Erziehungsberatungsstellen. 1990.

schen, gruppenpädagogischen, spieltherapeutischen, psychotherapeutischen und anderen Hilfen angeboten werden.

Um Erziehungsfehlern vorzubeugen werden Eltern und interessierte Fachkreise in Vorträgen und Seminaren fortgebildet.

6. Kinder- und Jugendpsychiatrischer Dienst am Gesundheitsamt

1869 veröffentlichte Virchow im „Centralblatt für die gesamte preußische Unterrichtsverwaltung" seine Meinung „Über gewisse die Gesundheit benachtheiligende Einflüsse der Schule"[262] und forderte, dass die öffentliche Gesundheitspflege in Schulen von sachverständigen Ärzten durchgeführt werden soll. Diese Ärzte sollen seiner Vorstellung nach anhand von Untersuchungsergebnissen von Schulkindern eine Darstellung der gesundheitlichen Gefahren machen, von denen Kinder im Schulkindalter im schulischen Umfeld bedroht sind. Die Ergebnisse sollen dann im Gedankenaustausch zwischen Ärzten und Pädagogen analysiert werden und zur Lösung aufgezeigter gesundheitlicher Probleme im Schulkindalter beitragen.[263] Seine Gedanken wurden in der Folgezeit kontrovers in Fachkreisen, die durch die Schulärzte eine Konkurrenz fürchteten und durch Politiker, die sich vor den Kosten ängstigten, diskutiert.

Eine sanitätspolizeiliche Aufsicht über die Schule durch einen Arzt, der die Schule in festen Abständen besucht, wurde im Großherzogtum Hessen 1884, auf Empfehlung der „Königlich Preußischen Wissenschaftlichen Deputation" beschlossen.[264] Zur Einstellung von Schulärzten und der Formulierung eines Aufgabenkatalogs für deren Arbeit, kam es 1896 in Wiesbaden und 1898 in Darmstadt. Durch die regelmäßige Begutachtung und Betreuung der Schulkinder fanden sich immer mehr Kinder, die eine behandlungsbedürftige psychisch-neurologische Erkrankung hatten oder die an Sozialisationsstörungen, Schulschwierigkeiten und anderen Verhaltensauffälligkeiten litten. Sioli macht um die Jahrhundertwende auf die Zunahme der Aufnahmen von psychisch kranken Kindern in seine Klinik aufmerksam und richtet deshalb eine Jugendabteilung an seiner

---

[262] Maser,W., S.23
[263] ebd. S.25
[264] ebd. S.27

Klinik ein. Er führt die zunehmenden Zuweisungen dieser Kinder unter anderem auf die Arbeit der Schulärzte zurück.

1909 gründete der Nervenarzt Walter Fürstenheim in Berlin eine „Medico-pädagogische Poliklinik für Kinderforschung, Erziehungsberatung und ärztlich-erzieherische Behandlung". Diese Beratungsstelle war dem Berliner Staatlichen Gesundheitsdienst zugeordnet. Fürstenheim ging dann nach Frankfurt und gründete dort 1916 im Frankfurter Gesundheitsamt eine „Ärztlich-heilpädagogische Jugendsichtungsstelle."[265]

Das Fachgebiet der Kinder- und Jugendpsychiatrie wird an den Gesundheitsämtern teilweise vertreten durch die sozialpsychiatrischen Dienste oder durch den Schulgesundheitsdienst. Die „Schulgesundheitspflege" gehört seit dem „Gesetz über die Vereinheitlichung des Gesundheitswesens" vom 3. Juli 1934 zu den Pflichtaufgaben der Gesundheitsämter.[266]

Im öffentlichen Gesundheitsdienst der Bundesrepublik sind nur wenige Kinder- und Jugendpsychiater tätig.[267]

Die Aufgabenstellung des Kinder- und jugendpsychiatrischen Dienstes des Gesundheitsamtes sollte sein:[268]

1. Früherkennung und Beratung bei vorhandener, beziehungsweise drohender seelischer, beziehungsweise körperlicher Behinderung, nach Möglichkeit bereits ab Geburt der betroffenen Kinder.
2. Beratung von Einrichtungen, wie Jugendämtern, Gerichten, Heimen und nicht entsprechend ausgestatteten Erziehungsberatungsstellen für Kinder- und Jugendliche und deren Eltern. Dies ist besonders für solche Regionen von Bedeutung, in denen keine weitere kinder- und jugendpsychiatrische Fachkompetenz vorhanden ist, so etwa in ländlichen oder geographisch sehr ausgedehnten Gebieten.
3. Sozialtherapeutische Interventionen im sozialen Umfeld, um stationäre Aufnahmen zu verhindern (z.B. bei Kindern, die in Suchtfamilien leben).
4. Nachsorgende Betreuung von Kindern und Jugendlichen, die aus stationärer Behandlung entlassen wurden und keine weiterführenden Angebote in Anspruch nehmen.

---

265 Stober, B.
266 Schröder, E. S.80 und S.150
267 Stober, B.
268 ebd.

5. Nachgehende Betreuung von Kinder- und Jugendlichen, die sonst durch das Versorgungsnetz fallen würden, wie etwa sozial benachteiligte Randgruppen oder auch Kinder, die bei psychisch kranken Elternteilen leben.
6. Weitervermittlung an andere Einrichtungen und Dienste bzw. therapeutische Institutionen.

Der kinder- und jugendpsychiatrische Dienst der Gesundheitsämter muss ausgebaut werden, um in diesem Bereich präventiv tätig werden zu können und vorbeugende Hilfe anbieten zu können. Diese Angebote müssen direkt in die Arbeit von Kindergärten und Schulen einbezogen werden und auch im Sinne der Prävention und Gesundheitserziehung im Rahmen des Schulgesundheitsdienstes erfolgen.

Ein solches Angebot „vor Ort", das durch psychologische und sozialpädagogische Kompetenzen erweitert werden muss, käme vor allem den sozial und gesundheitlich problembelasteten Kindern und Jugendlichen zugute.

7. Schulpsychologischer Dienst

Für Kinder und Jugendliche sind vor allem „Sozialisationsinstitutionen" wie Kindergarten und Schule diejenigen Beziehungsfelder, in denen Risiken für die Entstehung psychischer Störungen zusammentreffen. Hier führt Fehlverhalten zu Reaktionen, und doch sollen auch Kinder und Jugendliche mit ihren „Auffälligkeiten" dort einen Platz finden.

Falls diese Kinder oder Jugendlichen in der Schule auffallen und die weitere schulische Förderung dieser Kinder und Jugendlichen geplant werden muss, wird der schulpsychologische Dienst um eine Stellungnahme gebeten. Er unterstützt die Schule bei der Erfüllung ihres Bildungs- und Erziehungsauftrages mit den Erkenntnissen und Methoden der Psychologie. Die Haupttätigkeit des schulpsychologischen Dienstes besteht in der schulpsychologischen Einzelfallhilfe, vor allem mit Hilfen bei akuten Problemen. Dies sind Lernschwierigkeiten, Frage nach Sonderschulbedürftigkeit, Verhaltensprobleme. Ein weiterer Arbeitsbereich sind Fragen zur Schullaufbahn. Die Kontakte erfolgen direkt vom Elternhaus mit der schulpsychologischen Beratungsstelle oder über Schulen, Schulärzte, Schulräte und anderen Bezugs- und Betreuungspersonen.

An der Schnittstelle zwischen Elternhaus und Schule können dabei unterschiedliche Vorstellungen beziehungsweise Erklärungen von auffälligem Schülerverhalten aufeinandertreffen, die es gilt zu erkennen, zu beraten und Hilfsangebote aufzuzeigen und zu koordinieren.

Erst nach dem 2. Weltkrieg sind in Deutschland Schulpsychologen im öffentlichen Dienst beschäftigt worden. Hamburg machte mit seiner Dienststelle „Schülerhilfe" dabei den Anfang. Dem folgte das Bundesland Hessen, als erster Flächenstaat, in dem der Schulpsychologische Dienst landesweit eingeführt wurde.

1954 beginnen acht Lehrer mit einem Universitätsabschluss in Psychologie, neben ihrer Arbeit als Lehrer, Beratungen an der eigenen Schule und einigen Nachbarschulen durchzuführen.[269] Die schulpsychologische Arbeit ab 1954 ist als Erprobungsphase der Idee eines schulpsychlogischen Dienstes zu sehen. Das Engagement dieser Gruppe führte zu derart „erfreulichen" Ergebnissen, dass der Schulpsychologische Dienst im März 1956 institutionalsiert wurde.[270] Daraufhin wurden sechs Lehrer als Schulpsychologen in Hessen eingesetzt, drei in Frankfurt am Main und je einer in Hessisch-Lichtenau, Marburg und Wiesbaden. Die eindrucksvolle Entwicklung läßt sich an den Zahlen der beauftragten Schulpsychologen ablesen. 1964 waren es bereits 24 Schulpsychologen, die in 44 Landkreisen bzw. kreisfreien Städten eingesetzt sind. Ihre Zahl steigt auf 80 Stellen im Jahr 1975 an. Nun sind alle Stadt- und Landkreise mit einem Schulpsychologischen Dienst versorgt.[271] Ab 1971 wird die Unterrichtsverpflichtung der Schulpsychologen aufgehoben, damit verbessern sich die Arbeitsbedingungen, bei zunehmender Fallberatung. Ab 1977 werden den Staatlichen Schulämtern die Schulpsychologischen Abteilungen angegliedert.[272]

In den einzelnen Bundesländern weichen die Aufgaben und Richtlinien dieses Dienstes voneinander ab.

Von der Ausbildung her sind die Schulpsychologen Diplom-Psychologen. Häufig haben sie noch ein Zusatzstudium in Pädagogik beziehungsweise eine Schwerpunktausbildung in pädagogischer Psychologie.

Der schulpsychologische Dienst ist in Hessen eine Fachabteilung des staatlichen Schulamtes.[273] Zur Entscheidungsfindung können vom Schulamt schulpsychologische Stellungnahmen angefordert werden. Nach dem „Hessischen Schul-

[269] Der Hessische Kultusminister, 1979
[270] ebd. S. 19
[271] ebd. S. 21
[272] ebd. S. 22
[273] Krimgen, K.

gesetz“ vom 17.6.1992[274] sind die Schülerinnen und Schüler verpflichtet, soweit zur Vorbereitung einer Entscheidung schulärztliche oder schulpsychologische Untersuchungen sowie sonderpädagogische Überprüfungen erforderlich werden, sich untersuchen zu lassen und an wissenschaftlich anerkannten Testverfahren teilzunehmen.[275]

---

[274] Hessisches Kultusministerium, Hessisches Schulgesetz vom 17.06.1992.
[275] ebd.

III. Entwicklungsmodelle für die stationäre und ambulante kinder- und jugend-psychiatrische Arbeit

1. Psychiatrie-Enquête

Am 25. November 1975 wurde der „Bericht der Sachverständigenkommission über die Lage der Psychiatrie in der Bundesrepublik" - so die offizielle Bezeichnung der Psychiatrie-Enquête - dem Deutschen Bundestag zugeleitet, nachdem sie 1971 vom Bundestag in Auftrag gegeben worden war.

An der Erarbeitung der Psychiatrie-Enquête wirkten neben der vom Bundesgesundheitsministerium berufenen Sachverständigenkommission rund 200 Mitarbeiter aus allen Bereichen der Psychiatrie mit.[276] Sie hatten die Aufgabe zu erfüllen, die Lage der psychisch Kranken in der Bundesrepublik zu dieser Zeit darzustellen, und deren Versorgung nach dem tatsächlichen Bedarf zu planen.

Schwerpunkte der Kommissionsarbeit lagen in dem Aufzeigen der

- Unterbringungsbedingungen psychisch Kranker in psychiatrischen Krankenhäusern und Analyse der Versorgungsstruktur mit alternativen Einrichtungen, welche die stationäre Versorgung im Krankenhaus ergänzen.
- Anzahl von Einrichtungen für psychisch kranke Kinder und Jugendliche, für Drogenabhängige, für psychisch kranke alte Menschen und erwachsene geistig Behinderte.
- Kapazität an Psychotherapie für die große Zahl seelisch bedingter und seelisch mitbedingter Krankheiten.
- mangelhaften Koordination aller an der Versorgung psychisch Kranker und Behinderter beteiligten Dienste, insbesondere der vielfach unzulänglichen Beratungseinrichtungen und sozialen Dienste.

[276] Finzen, A., Schädle-Deininger, S.1

Als gewinnbringende Erfahrung sahen die Kommissionsmitglieder und alle anderen beteiligten Sachverständigen, dass die vielfältigen wissenschaftlichen Erkenntnisse, Erfahrungen und Konzepte der einzelnen Fachrichtungen miteinander in Einklang gebracht wurden und Empfehlungen erarbeitet wurden, die gemeinsam vertreten werden konnten.[277]

Seitdem gelten folgende Grundprinzipien psychiatrischer Versorgung:
- Gemeindenähe
- bedarfsgerechte dezentrale Versorgung
- Vorbeugung wo möglich
- Förderung von Selbsthilfe
- rechtliche und soziale Gleichstellung der psychisch Kranken mit den körperlich Kranken

Die Ausführungen innerhalb der Psychiatrie-Enquête zur „Versorgung psychisch auffälliger, gestörter und behinderter Kinder und Jugendlicher", sind gekennzeichnet durch breite Überlappungszonen zu den Bereichen des Bildungswesens, der Jugendhilfe, der Sozialhilfe und der Gesundheitsverwaltung. Es wird die Bedeutung und die Notwendigkeit unterstrichen, die Erziehungs- und Bezugspersonen in Maßnahmen der Früherkennung, Beratung, Behandlung und Rehabilitation einzubeziehen.

Die Aufgabenbereiche der Kinder - und Jugendpsychiatrie wurden relativ weit gesteckt:

Klärung der somatischen, psychosozialen und soziokulturellen Entstehungs- und Verfestigungsbedingungen.

Behandlung (Einflußnahme auf störende Entwicklungsbedingungen und gestörte Beziehungen, kompensierende Hilfen).

Vorbeugung (primäre und sekundäre Prävention[278]) bei Verhaltensauffälligkeiten, Störungen des seelischen Befindens, psychischen Krankheiten sowie seelischen und geistigen Behinderungen im Kindes- und Jugendalter".[279]

---

[277] Deutscher Bundestag, Drucksache 7/4200, S.5

[278] Definition der Begriffe nach den Ausführungen in der Drucksache 7/4200 des Deutschen Bundestages. Primäre Prävention: Das Auftreten psychischer Störungen verhindern Sekundäre Prävention: Die weitere Ausprägung und Verfestigung früherkannter psychischer Störungen verhindern oder ihre Verlaufsform und -dauer beeinflussen. Tertiäre Prävention: Die durch psychische Störungen entstandenen Behinderungen verringern.

Zum ersten Bereich der „Klärung“ legen die Sachverständigen einen Bedarf für 20 bis 25% der Schulkinder zugrunde.[280] Sie halten eine stationäre Aufnahme aus diagnostischen und therapeutischen Gründen nur für einen geringen Anteil dieser Kinder für notwendig. Für einen großen Anteil der Kinder sind sekundärpräventive Maßnahmen ausreichend, die sich in erster Linie an die Beziehungspersonen und Kindergärten, Schulen oder andere Lehrinstitutionen wenden, um Veränderungen an Entstehungs- und Verfestigungsbedingungen zu erreichen. Für „Randgruppen“, bei denen „im Zusammenhang mit ihrer sozioökonomischen Lage besondere Risiken für andauernde psychische Störungen vorhanden sind“ und die aus eigener Initiative keinen Zugang zu präventiven und therapeutischen Maßnahmen finden, muss ein besonderer Aufwand an aufsuchenden Aktivitäten geleistet werden.[281]

Im Bereich der „Behandlung“ stellten sich Unzulänglichkeiten in der ambulanten Versorgung dar. Eine gegenseitige Unterstützung und Ergänzung von Einrichtungen im Sinne eines Verbundsystems fand nur in begrenzten Bereichen statt und war unkoordiniert und unökonomisch.

Im stationären Bereich waren die Plätze in Fachkrankenhäusern und Fachabteilungen überwiegend von langfristig untergebrachten Behinderten mit neuropsychiatrischen Komplikationen eingenommen. Nur ein kleiner Teil der Fachabteilungen, „insbesondere aber die Abteilungen für Kinder- und Jugendpsychiatrie an den Universitäten, versorgten demgegenüber überwiegend neurotische Störungen, Störungen der Persönlichkeitsentwicklung und psychosomatische Erkrankungen mit kurz- und mittelfristigem Aufenthalt.“[282]

Als besonders schwerwiegende Behandlungslücke in der Kinder- und Jugendpsychiatrie wurde der Mangel an ausgebildeten Fachkräften aufgezeigt und deshalb die Ausbildung qualifizierter Fachkräfte und entsprechende Weiterbildungsaktivitäten empfohlen. Zur Verbesserung der Ausbildung, mit einer mehr praktischen Orientierung, werden im Abschlussbericht der Expertenkommission ausführliche Hinweise gegeben. Insbesondere in Beratungsstellen, Heimen und Kliniken fand sich ein grobes Mißverhältnis zwischen dem Bedarf vor allem an Psychotherapie und der Anzahl an Mitarbeitern, die entsprechend ausgebildet

---

[279] Die Aufgabenbereiche sind zitiert aus: Deutscher Bundestag, Drucksache 7/4200, S.233

[280] ebd. S.235

[281] ebd. S.236

[282] Deutscher Bundestag, Drucksache 7/4200, S.237

sind. Ein dringender Bedarf wurde auch für alle Frühfördermaßnahmen bei geistig und psychisch behinderten Kindern im Vorschulalter gefunden.

Die Expertenkommission riet zum Aufbau einer zusammenhängenden Versorgung mit einem regionalen Verbundsystem zur Versorgung psychisch auffälliger, gestörter und behinderter Kinder und Jugendlicher und stellte Grundsätze für die Versorgung innerhalb eines Verbundsystems auf[283]:

1. Alle unmittelbar erforderlichen Dienste sollen innerhalb eines geografischen Raumes erreichbar sein.
2. Es soll gewährleistet sein, dass allen therapeutischen Maßnahmen eine multidisziplinäre Diagnostik vorausgeht und dass sie durch eine Supervision begleitet werden.
3. Stationäre Aufnahmen von Kindern und Jugendlichen lediglich aus Gründen räumlicher Distanz zu den erforderlichen Diensten sollen vermieden werden.
4. Längerfristige stationäre Versorgung soll innerhalb der Region erfolgen, um alle Möglichkeiten einer sozialen Integration offenzuhalten.
5. Der Übergang zwischen Einrichtungen unterschiedlicher Zuständigkeit und Trägerschaft muß für alle Versorgungsbedürftigen ohne Umwege möglich sein.
6. Beratung, Supervision und Fortbildung zwischen Einrichtungen verschiedener Zuständigkeit und Trägerschaft müssen organisatorisch gesichert sein.

Das Verbundsystem selbst ist gegliedert in einen ambulanten Zugangs- und Behandlungsbereich, in dezentrale stationäre und teilstationäre Einrichtungen und zentrale ambulante und stationäre Dienste für Kinder- und Jugendpsychiatrie.

Die Größe eines Versorgungsgebietes in der Erwachsenenpsychiatrie beträgt durchschnittlich 250.000 Einwohner. Um die bei der Versorgung von Kindern und Jugendlichen notwendigen Differenzierungsmöglichkeiten zu haben, wird für die Planung und Organisation von Verbundsystemen eine Zusammenfassung von zwei Standardversorgungsgebieten angeraten,[284] deren durchschnittliche Einwohnerzahl dann bei 500.000 liegen sollte. Grundsätzlich sind aber für die Größe der einzelnen Versorgungsgebiete die Erreichbarkeit der Einrichtung, die Möglichkeit der Differenzierung in den einzelnen Einrichtungen und die Möglichkeiten einer ökonomisch vertretbaren Selbständigkeit der zentralen Einrichtungen maßgeblich.

---

283 Die Grundsätze sind zitiert nach Deutscher Bundestag, Drucksache 7/4200, S.237,

284 Zwei Standardversorgungsgebiete = Doppelte Standardversorgung. (500.000 Einwohner)

Zum dritten Bereich der „Vorbeugung" geben die Experten jeder Aktivität auf dem Gebiet der Kinder- und Jugendpsychiatrie eine präventive Bedeutung. „Die Kenntnisse über Entstehungs- und Verfestigungsbedingungen psychischer Störungen führen zu präventiven Forderungen und Maßnahmen, die auf sozialem, ökonomischem und administrativem Gebiet verwirklicht werden müssen. Sie sind zu koordinieren und politisch durchzusetzen."[285]

Von der Kommission werden präventive Forderungen formuliert. Sie beziehen sich auf die Beziehungsfelder und Lebensräume der Kinder und Jugendlichen und betreffen die Forderung nach Information über Bedingungen und den Verlauf der normalen kindlichen Entwicklung. Darüber hinaus müssen Kenntnisse über Entstehungs- und Verfestigungsbedingungen psychischer Störungen an bestimmte Fachkreise vermittelt werden.[286]

2. Denkschrift zur Lage der Kinder- und Jugendpsychiatrie

Im März 1984 und in einer Neuauflage im Juli 1990, veröffentlicht der Vorstand der Deutschen Gesellschaft für Kinder- und Jugendpsychiatrie eine „Denkschrift zur Lage der Kinder- und Jugendpsychiatrie in der Bundesrepublik Deutschland" und verfolgt damit das Ziel: „Anliegen, Aufgaben, Probleme und Zukunftsperspektiven kinder- und jugendpsychiatrischer Tätigkeit einer breiteren Öffentlichkeit bekanntzumachen". Die Denkschrift sollte dazu beitragen, „daß die Kinder- und Jugendpsychiatrie, entsprechend ihrer gesundheitspolitischen Bedeutung, in ihrem Anliegen besser erkannt wird und mehr Förderung erfährt."[287]

---

[285] Deutscher Bundestag, Drucksache 7/4200, S. 245

[286] ebd. S.245

[287] Vorstand der deutschen Gesellschaft für Kinder- und Jugendpsychiatrie. Denkschrift zur Lage der Kinder- und Jugendpsychiatrie in der Bundesrepublik Deutschland. Erstauflage Marburg März 1984. Neuauflage Marburg Juli 1990.
Vorstandsvorsitzender: 82/83 Helmut Remschmidt
Vorstandsvorsitzender: 84/85 Martin Schmidt
Vorstandsvorsitzender: 88/89 Joest Martinius
Vorstandsvorsitzender: 90/91 Fritz Poustka

3. Modellprogramm Psychiatrie

Im Auftrag des Bundesministers für Jugend, Familie, Frauen und Gesundheit - Bonn - werden in den Jahren 1980 bis 1985 in Modellregionen Veränderungen und Reformmaßnahmen im psychiatrischen Bereich, auf der Grundlage der Empfehlungen der Psychiatrie-Enquête, modellhaft erprobt.

Unter der Projektleitung von Wilhelmine Stürmer wird von der Prognos AG die wissenschaftliche Begleitung dieses Modellprogramms Psychiatrie durchgeführt.

Ziel der wissenschaftlichen Begleitung zum Modellprogramm Psychiatrie ist es, empirisch begründete Entscheidungshilfen für die an der Reform der Versorgung psychisch Kranker und Behinderter beteiligten Ebenen zu erarbeiten. Ausgangspunkt für die Arbeit der wissenschaftlichen Begleitung ist die Bestandsaufnahme und Bestandsanalyse der Versorgungssituation in den Modellregionen.

Von 1980 bis 1985 werden in unregelmäßiger Folge Berichte über Zwischenergebnisse und über besondere Probleme und Erfahrungen dieses Projektes vorgelegt. Im Jahre 1988 wird durch PROGNOS über das Modellprogramm Psychiatrie zusammenfassend berichtet.[288]

Das „Modellprogramm zur Reform der Versorgung im psychiatrischen und psychotherapeutisch / psychosomatischen Bereich“ beruht in seinen Inhalten wesentlich auf den Empfehlungen der Psychiatrie - Enquête.[289]

Diese Inhalte wurden zu den Prinzipien der Reform zusammengefaßt:

- gemeindenahe Versorgung
- bedarfsgerechte Versorgung aller Patientengruppen
- koordinierte Versorgung
- Gleichstellung psychisch Kranker und Behinderter mit somatisch Kranken

Das Modellprogramm des Bundes setzt als weiteres Kriterium, dass die Reformziele unter der Bedingung der Wirtschaftlichkeit erfüllt werden, um langfristig die Finanzierbarkeit einer wirksameren Versorgung gewährleisten zu können.

---

[288] Stürmer, W.
[289] ebd.

Das eigentlich neue und entscheidende Merkmal des Modellprogramms Psychiatrie ist die Erprobung ganzer Versorgungsnetze. Das Konzept der Bundesregierung zum Modellprogramm Psychiatrie vom 7.Mai 1980 hat den modellhaften Auf- und Ausbau eines gemeindenahen, bedarfsgerechten und koordinierten Versorgungsnetzes unter Beachtung der Wirtschaftlichkeit bei gleich wirksamen Versorgungskonzepten deutlich in den Vordergrund gestellt.[290]

Die Modellerprobung in der Erwachsenenpsychiatrie bezog sich auf die folgenden Gebiete, die - als Modellregion bezeichnet - jeweils in der Größenordnung des von der Psychiatrie - Enquête empfohlenen Standardversorgungsgebietes (150.000 - 300.000 Einwohner) liegen.[291]

Gesamtstädtische Regionen:	Darmstadt, Herne, Kassel
Teilstädtische Regionen:	Berlin-Kreuzberg, Berlin-Steglitz, Hamburg Eilbek, Bremen-Nord/West/Süd, Essen-Nord, Duisburg-Nord
Ländliche Regionen:	Kreis Herford, Kreis Lippe, Oberbergischer Kreis Kreis Marburg-Biedenkopf und angrenzende Kreise Saar-Pfalz-Kreis

Die Modellförderung im Bereich von Einrichtungen, Praxen und Diensten für Kinder und Jugendliche folgte zuerst und grundsätzlich den gleichen Vorstellungen und Anforderungen, wie sie für das Modellprogramm insgesamt formuliert worden waren.

Die geförderten Maßnahmen im Bereich der Kinder- und Jugendpsychiatrie umfaßten folgende Regionen und Einrichtungen[292]:

Modellregion Berlin-Kreuzberg:

- psychosoziale Beratung ausländischer Jugendlicher und ihrer Angehöriger, Kreuzberg
- Außenwohngemeinschaften am Humboldt-Krankenhaus in Reinickendorf
- Beratung und Betreuung von deutschen und ausländischen Jugendlichen, Kreuzberg

[290] ebd.

[291] ebd. S.6

[292] Schmid, R. et al., S.136

Modellregion Hamburg-Eilbek:

- Jugendpsychiatrischer Dienst

Modellregion Kreise Marburg-Biedenkopf, Waldeck-Frankenberg und Schwalm-Eder
(doppeltes Standardversorgungsgebiet [293]):

- Tagesklinik Marburg
- ambulanter kinder- und jugendpsychiatrischer Dienst

Modellregion Kassel:

- Institutsambulanz (in Verbindung mit Tagesklinik)

Modellregion Essen-Nord:

- Übergangsplätze für psychisch kranke Kinder und Jugendliche, Essen
- kinder- und Jugendpsychiatrische Gemeinschaftspraxis in Düsseldorf

Zusammenfassend werden folgende spezifische Versorgungserfordernisse formuliert:

- Ambulante Einrichtungen sind zwar, wenngleich nicht in jeder Region, in genügender Anzahl vorhanden, jedoch zum Teil personell unzureichend ausgestattet, schlecht erreichbar oder finanziell nicht abgesichert. Ein Fehlbedarf besteht an Frühberatung, niedergelassenen Kinder- und Jugendpsychiatern und/oder Psychotherapeuten.
- Die stationäre Kapazität wird zwar in der Summe als ausreichend, jedoch für regionale Bedarfe in den Modellregionen als ungleich verteilt und in der Regel nicht als gemeindenah betrachtet.
- Im komplementären Bereich besteht ein eklatanter Fehlbedarf an psychotherapeutischen Heimen, betreuten Wohngruppen für Jugendliche und Therapieeinrichtungen für drogenabhängige Jugendliche.
- Bei Psychosen, Verwahrlosung, Lernbehinderung oder Sucht wird das bestehende Angebot als unzureichend beurteilt, was unter anderem auch auf mangelnde Aus-, Fort- und Weiterbildung des Personals vorhandener Einrichtungen zurückzuführen ist.

---

[293] Einfache Standardversorgung = Versorgungsbereich für 250.000 Einwohner. Doppelte Standardversorgung = Versorgungsbereich für 500.000 Einwohner.

Als generell unzureichend wurde die Entwicklung von Versorgungskonzepten im rehabilitativen Bereich betrachtet. Ebenso klagten angeblich nahezu alle Einrichtungen über unzureichende Finanzierungsgrundlagen. Dies wurde jedoch auch damit in Zusammenhang gebracht, dass es noch nicht in ausreichendem Maße gelungen sei, ein Verständnis für die Spezifik kinder- und jugendpsychiatrischer Erkrankungen und notwendiger Leistungen dafür zu entwickeln und zu verbreiten.[294]

4. Empfehlungen der Expertenkommission zur Versorgung psychisch kranker Kinder und Jugendlicher [295]

Im November 1988 werden durch eine Expertenkommission der Bundesregierung [296] Empfehlungen fomuliert, in Fortführung der Überlegungen der Enquête-Kommission und in Auswertung der Ergebnisse des Modellprogramms Psychiatrie, über Aufgaben und Zielsetzungen kinder- und jugendpsychiatrischer Versorgung. Die Vorschläge der Expertenkommission konzentrierten sich vorwiegend auf den gemeindepsychiatrischen Bereich, weil dort der größte Handlungsbedarf für die Zukunft gesehen wurde.

Trotz der seit der Enquête erreichten Erfolge und Fortschritte im humanitären und fachlichen Bereich, werden qualitative und quantitative Defizite in der Situation der betroffenen psychisch Kranken und ihrer Angehörigen festgestellt, die aufgewiesen werden und die es gilt zu verbessern. Die Kommission weist in diesem Zusammenhang auf die gemeinsame Verantwortung des Bundes und der

---

[294] Schmid, R. et al., S.280

[295] Bundesminister für Jugend, Familie, Frauen und Gesundheit. Empfehlungen der Expertenkommission der Bundesregierung, 1988, S.379-434

[296] ebd. S. 684-691. Zitat S.688: „Ende Dezember 1986 wurde nach Fertigstellung des Abschlussberichts der Begleitforschung durch die PROGNOS AG deren Zusammenarbeit mit der Beraterkommission beendet. Auf der abschließenden Klausurtagung der Beraterkommission am 10. und 11. 12. 1986 wurde die Beraterkommission formell aufgelöst, um künftig als neu einzuberufende Expertenkommission Empfehlungen zur psychiatrischen und psychotherapeutisch/psychosomatischen Versorgung auf der Grundlage der Ergebnisse des Modellprogramms zu erarbeiten. Die formelle Berufung durch den Bundesminister für Jugend, Familie, Frauen und Gesundheit erfolgte mit Schreiben vom Februar 1987." Zu diesem Zeitpunkt wurden zusätzlich neue Mitglieder aufgenommen.

Länder hin, vor allem weil der Bund für entsprechende Leistungsgesetze zuständig ist, um die Einheitlichkeit der Lebensverhältnisse über Ländergrenzen hinweg zu wahren.

Die Expertenkommission setzte sich zusammen aus Politikern, Ärzten, Psychologen, Juristen, Verwaltungsfachleuten, Sozialarbeitern und Mitarbeitern der Pflegeberufe und hat größtenteils schon in den Jahren zuvor in der Beraterkommission zur Psychiatrie-Enquête und dem Modellprogramm Psychiatrie teilgenommen.

Als kinder- und jugendpsychiatrischer Sachverständiger arbeitet seit 1979 Prof. H. Remschmidt, Marburg, mit. In der Expertenkommission ab1987, berät in kinder- und jugendpsychiatrischen Themen zusätzlich Prof. R. Schmid, Köln, Prof. M.H. Schmidt, Mannheim, Dr. R. Schydlo, Düsseldorf und der Dipl.Psych. R. Walter, Marburg.

An die Versorgung psychisch kranker Kinder und Jugendlicher müssen nach Meinung der Experten besondere Anforderungen gestellt werden, die eine interdisziplinäre Zusammenarbeit zwischen Fachleuten aus den Bereichen der Entwicklungspsychologie, der Erziehung, der Bildung und Ausbildung sowie der Psychiatrie, Psychotherapie und Pädiatrie erforderlich macht. Die Ausführungen in den „Leitprinzipien" der Beraterkommission zu psychisch kranken Kindern- und Jugendlichen,[297] legen deshalb ihre Betonung auf die Notwendigkeit der umfassenden, regionenbezogenen und bereichsübergreifenden, interdisziplinären Versorgung. Es sollen in der Versorgung psychisch kranker Kinder und Jugendlicher folgende übergreifende Gesichtspunkte berücksichtigt werden:[298]

- Der entwicklungspsychologische Aspekt:

Entwicklungsvorgänge, ihre Auswirkungen und ihre Beeinflussung durch äußere Umstände müssen bei allen kinder- und jugendpsychiatrischen Erkrankungen bedacht werden. Sie bestimmen oft die Symptomatik einer Störung und sind auch für die Behandlung von ausschlaggebender Bedeutung.

- Der Familienbezug:

Psychisch kranke Kinder und Jugendliche sind in höherem Maße als Erwachsene von ihrer unmittelbaren Umgebung abhängig .Deshalb muß auch in jedem Falle die Familie beziehungsweise die engere Bezugsgruppe in Diagnostik und Therapie mit einbezogen werden.

---

[297] ebd. S.383 ff

[298] ebd. zitiert nach S. 382

- Die Bildungs- und Ausbildungsinstitutionen:

Neben der Familie stellen die Bildungsinstitutionen (Kindergärten, Schulen, Fördereinrichtungen) und Ausbildungsinstitutionen wichtige Prägefaktoren für Kinder und Jugendliche dar. Sie müssen sowohl im Hinblick auf die Auslösung von Störungen als auch im Hinblick auf ihre Behebung einbezogen werden.

- Risikofaktoren für psychische Störungen und Erkrankungen:

Körperliche Behinderungen, Hirnfunktionsstörungen, Teilleistungsstörungen, soziale und andere Belastungen stellen im Kindes- und Jugendalter vielfach Risikofaktoren dar, die langfristig schwerwiegende psychische Störungen und Erkrankungen verursachen, auslösen oder aufrechterhalten können. Insofern muß derartigen Risikofaktoren besonderes Augenmerk zugewandt werden.

- Protektive Faktoren und Prävention:

Die Kinder- und Jugendpsychiatrie ist aufgrund ihres Auftrages dazu prädestiniert, präventiv zu arbeiten. Sie kann bei rechtzeitigem Eingreifen sowohl die Chronifizierung psychiatrischer Erkrankungen verhindern als auch den Versuch unternehmen, einer Erstmanifestation vorzubeugen. Dabei kommt ihr zugute, dass sie nicht nur nach Störungen und Defiziten sucht, sondern ebenso in immer stärkerem Maße die protektiven Faktoren im einzelnen Patienten, seiner Familie und seinem Sozialfeld entdeckt und diese für Vorbeugung und Behandlung nutzbar macht.

Diese Gesichtspunkte greifen ihrerseits in wesentlichen Teilen auf die „Denkschrift zur Lage der Kinder- und Jugendpsychiatrie“ (hrsg. Vom Vorstand der deutschen Gesellschaft für Kinder- und Jugendpsychiatrie, Stand März 1984) zurück.[299]

Nach der Meinung der Experten sind „5% aller Kinder und Jugendlichen psychiatrisch behandlungsbedürftig, das sind bundesweit nahezu 750.000 junge Menschen unter 18 Jahren oder 100 bis 120 Kinder und Jugendliche auf 10.000 Einwohner.“[300]

Dieser hohen Zahl Behandlungsbedürftiger steht ein Mangel an Versorgungsmöglichkeiten gegenüber, der sich besonders im ambulanten Bereich zeigt und dort insbesondere in der geringen Zahl niedergelassener Fachärzte für Kin-

---

299 Schmid, R. et al., S.129

300 Bundesminister für Jugend, Familie, Frauen und Gesundheit. Empfehlungen der Expertenkommission. S.XXXV

der- und Jugendpsychiatrie und dem ungenügenden Angebot an Plätzen in nachsorgenden, rehabilitativ orientierten kinder- und jugendpsychiatrischen Einrichtungen.

Davon besonders betroffen sind die Gruppen von Kindern und Jugendlichen mit einer komplexen Problematik. Es wird empfohlen, auf diese „Problemgruppen" ein besonderes Augenmerk zu richten. [301]

Zu diesen „Problemgruppen" zählen folgende Kinder- und Jugendliche:[302]:

1. Kinder ausländischer Arbeitnehmer, die zwar nicht vermehrt zu psychiatrischen Erkrankungen neigen, aber aus vielen Gründen fachkundige Hilfe seltener in Anspruch nehmen. Die hierfür verantwortlichen Hemmnisse müssen beseitigt werden.
2. Dissoziale und delinquente Kinder- und Jugendliche, für deren Resozialisierung das pädagogische und therapeutische Angebot unzureichend ist. Gleiches gilt für psychisch kranke jugendliche Rechtsbrecher, deren Unterbringung und Behandlung entscheidend verbessert werden müßte.
3. Suizidale Kinder und Jugendliche, deren Situation häufig zu spät erkannt wird, weil sie nicht primär in fachkundige Hände geraten.
4. Drogenabhängige Kinder und Jugendliche, für die noch immer ein unzureichendes Hilfsangebot besteht, das wissenschaftliche Erkenntnisse vielfach nicht berücksichtigt.
5. Kinder und Jugendliche mit Teilleistungsschwächen, insbesondere Legasthenie, deren Störung häufig nicht erkannt oder bagatellisiert wird, so dass schwerwiegende sekundäre Fehlentwicklungen entstehen, die nur schwer und unter erheblichem Zeit- und Kostenaufwand zu behandeln sind.
6. Autistische Kinder und Jugendliche, deren Störung immer noch zu spät erkannt und häufig unzureichend behandelt wird. Für diese Kinder sind sowohl eine bessere Frühdiagnostik und Frühförderung erforderlich als auch fachkundig geführte Nachsorgeeinrichtungen, wenn sie älter werden.
7. Schizophrene Jugendliche, die nach der klinischen Akutbehandlung geeigneter Rehabilitationsmaßnahmen bedürfen, für die das Angebot bislang absolut unzureichend ist.

---

[301] Bundesminister für Jugend, Familie, Frauen und Gesundheit, Empfehlungen der Expertenkommission der Bundesregierung, 1988. S. 389

[302] ebd. S. 389

8. Hirntraumatisch geschädigte Kinder und Jugendliche, für deren Rehabilitation spezialisierte Einrichtungen erforderlich sind, die derzeit zahlenmäßig unzureichend und regional sehr ungleichmäßig verteilt sind.
9. Auch hochbegabte Kinder und Jugendliche oder solche mit Spezialbegabungen bedürfen gegebenenfalls einer verbesserten Beratung. und die Neurologie höherer Hirnfunktionen.[303]

Die Expertenkommission legt ein Versorgungskonzept vor, das aufgrund der geringeren Zahl der zu versorgenden Patientengruppe im kinder- und jugendpsychiatrischen Bereich, von anderen Größenordnungen als im Erwachsenenbereich ausgeht. Im stationären Bereich sollen „auf 500.000 bis 750.000 Einwohner eine oder mehrere kinder- und jugendpsychiatrische Einrichtungen mit 50 bis 80 Plätzen, angeschlossener Tagesklinik und Institutsambulanz angestrebt werden." Von diesen Einrichtungen sollte auch ein kinder- und jugendpsychiatrischer Konsiliardienst für alle an der Versorgung beteiligten Institutionen angeboten werden.[304]

Im ambulanten Bereich ist für die kinder- und jugendpsychiatrische Versorgung „von Regionen mit ca. 250.000 Einwohnern auszugehen".[305] In jeder solcher Regionen soll die Kassenärztliche Vereinigung einen Kinder- und Jugendpsychiater planen und die Niederlassung fördern. Damit werden auch an die Aus- Fort- und Weiterbildung neue Anforderungen gestellt.

Empfohlen wird ebenfalls der Ausbau der Erziehungsberatungsstellen, besonders in ihrer Ausstattung mit Fachkräften aus allen notwendigen Gebieten. In Ballungsräumen wird darüber hinaus die Einrichtung kinder- und jugendpsychiatrischer Dienste empfohlen, die Behandlungsfunktionen übernehmen können.[306]

In ergänzenden Bereichen ist aus der Sicht der Experten für einen Einzugsbereich von 500.000 bis 750.000 Einwohnern, der regionale Aufbau von 15 bis 20 Plätzen in rehabilitativ orientierten Heimen und 12 bis 16 Plätzen in Wohngemeinschaften für psychisch kranke Jugendliche, dringend erforderlich.

---

303 Die Punkte 1-9 sind zitiert nach den „Empfehlungen der Expertenkommission der Bundesregierung zur Reform der Versorgung im psychiatrischen und psychotherapeutisch/psychosomatischen Bereich auf der Grundlage des Modellprogramms Psychiatrie der Bundesregierung." 1988, Hrsg.:

304 ebd. S.XXXVII

305 ebd. S.XXXVII

306 ebd.

Diese Heime sollen auch für Heranwachsende über 18 Jahre offenstehen, damit auch mit dem Erreichen der Volljährigkeit das Heim nicht unbedingt verlassen werden muß.[307]

Dafür müssen von den beteiligten Kostenträgern die Finanzierungsmöglichkeiten deutlich verbessert werden.

5. Psychiatrie-Personalverordnung

Expertengruppen für die Erwachsenenpsychiatrie und die Kinder- und Jugendpsychiatrie erarbeiteten zum 18. Dezember 1990 die fachlichen Grundlagen für die Psychiatrie - Personalverordnung (Psych-PV), die am 01. Januar 1991 in Kraft trat, und eine weitere wesentliche Weiterentwicklung in der Versorgung psychisch Kranker brachte.[308]

Mit der „Verordnung über die Maßstäbe und Grundsätze für den Personalbedarf in der stationären Psychiatrie" (Psychiatrie Personalverordnung) verordnet und regelt die Bundesregierung die „Maßstäbe und Grundsätze zur Ermittlung des Personalbedarfs für Ärzte, Krankenpflegepersonal und sonstiges therapeutisches Fachpersonal in psychiatrischen Einrichtungen für Erwachsene sowie für Kinder und Jugendliche mit dem Ziel, eine ausreichende, zweckmäßige und wirtschaftliche stationäre und teilstationäre Behandlung der Patienten zu gewährleisten, die einer Krankenhausbehandlung bedürfen."[309]

Damit war es gelungen, die Personalbemessung an den diagnostischen und therapeutischen Bedürfnissen der Patienten zu orientieren. Zudem sind Tätigkeitsprofile aller am Krankenbett tätigen Berufsgruppen definiert worden. Die Personalbemessung findet im stationären Bereich also seitdem nicht mehr global statt, mit Koppelung von Personalstärke an die Anzahl belegter Betten, sondern orientiert sich an den gesetzten Aufgaben und Zielen.

Es ist allerdings für die Zukunft zu fordern, dass die Personalverordnung nicht auf Kliniken beschränkt bleibt, sondern auch für die Definition von Standards im außerklinischen Bereich eine Bedeutung erlangt. Ansonsten können die Versorgungs- und Leistungsdefizite im ambulanten, außerklinischen Bereich zu einer Gefährdung der Rehabilitation des psychisch Kranken führen.

---

[307] ebd.
[308] Blanke, U., S.172
[309] ebd.

6. Hessischer Psychiatrieplan und Krankenhausplan des Landes Hessen

Seit 1.Januar 1972 ist das Krankenhausfinanzierungsgesetz des Bundes (KHG) in Kraft. Damit ist mit der Einführung des dualen Finanzierungsprinzips (Investitionsmittel vom Staat und Betriebsmittel von den Krankenkassen), die Finanzierung der Krankenhäuser auf eine neue Grundlage gestellt worden. In diesem Zusammenhang ist den Ländern bundesgesetzlich die Aufgabe der Krankenhausplanung zugewiesen worden. Schon im „Hessischen Krankenhausgesetz" vom 4. April 1973 sind hierzu die zu den bundesgesetzlichen Regelungen ergänzenden Ausführungsbestimmungen gemacht worden.

Am 20.Dezember 1984 wurde das KHG des Jahres 1972 umfassend mit dem Krankenhaus - Neuordnungsgesetz novelliert. Der Bund zog sich aus der anteiligen Krankenhausfinanzierung zurück. Das Bundesrecht des KHG beschränkte sich damit auf einige wenige Rahmenvorschriften zur Krankenhausplanung und zur Krankenhausfinanzierung.

Mit der Beschränkung des KHG auf Rahmenvorschriften zur Krankenhausplanung ergab sich die Möglichkeit für den Landesgesetzgeber, in einer umfassenden Neuordnung des Hessischen Krankenhausgesetzes wesentliche Elemente der Krankenhausplanung sowohl inhaltlich wie verfahrensmäßig zu bestimmen. Dies geschah durch die Einrichtung regionaler, somit ortsnaher Beteiligungs- und Planungsstrukturen. [310]

Die mit der Psychiatrie-Enquête geforderte Dezentralisierung der psychiatrischen Krankenhausversorgung und der Aufbau und Ausbau der außerklinischen Angebote, ist in Hessen angegangen worden.

Die kinder-und jugendpsychiatrische Versorgung in Hessen wird von eigenständigen kinder- und jugendpsychiatrischen Krankenhäusern sowie von Hochschulkliniken wahrgenommen.

Die Standorte dieser Krankenhäuser sind ungleich verteilt. Während im Versorgungsgebiet Gießen-Marburg eine Konzentration von kinder- und jugendpsychiatrischen Krankenhausbetten zu verzeichnen ist, besteht im Versorgungsgebiet Fulda-Bad Hersfeld eine Unterversorgung.

---

310 Staatsanzeiger für das Land Hessen. Fortschreibung des Hessischen Krankenhausplanes. S.449 (14.02.1994)

Die Kooperation zwischen der Kinder- und Jugendpsychiatrie, dem Bereich der Pädagogik (Jugendhilfe, Schulwesen) und der Pädiatrie ist nicht immer optimal. Dies gilt insbesondere für die Altersgruppe der Jugendlichen.

Wie in der Erwachsenenpsychiatrie sind in der Kinder- und Jugendpsychiatrie die Annahmen über die erforderlichen Krankenhausbetten seit der Psychiatrie-Enquête ständig nach unten korrigiert worden. Dies steht in Zusammenhang mit der zunehmenden Differenzierung der pädagogischen Angebote in der Jugendhilfe und im Schulwesen und der sich verbessernden Kooperation der interdisziplinären Dienste. Erfahrungen in anderen Bundesländern machen deutlich, dass zum Beispiel die intensive Abklärung vor einer stationären Aufnahme durch alle Beteiligten dazu führt, dass die Zahl der vorzuhaltenden Betten in kinder- und jugendpsychiatrischen Krankenhäusern unterhalb der zur Zeit noch in Hessen vorgehaltenen Betten liegt.

Für die Krankenhausplanung im Bereich der Kinder- und Jugendpsychiatrie gelten folgende Grundsätze: [311]

- In jedem Versorgungsgebiet ist ein ausreichendes Angebot vorzuhalten.
- Neue Angebote sind an vorhandenen Krankenhauseinrichtungen, nicht aber als eigenständige kinder- und jugendpsychiatrische Kliniken zu schaffen.
- Kinder- und Jugendpsychiatrische Einrichtungen halten tagesklinische Angebote vor. Die Krankenhausträger sollen den Anteil der teilstationären zu Lasten der stationären Angebote weiterentwickeln.
- In dem Umfang, in dem neue kinder- und jugendpsychiatrische Krankenhausangebote entstehen, und parallel zum Auf- und Ausbau der außerklinischen Angebote sind zeitnah die Betten an anderer Stelle zu reduzieren.
- Bis zum Jahr 2000 soll die Anzahl der Betten/Plätze in den Versorgungsgebieten auf 0,06 Betten/Plätze je 1000 Einwohner reduziert werden; die Förderung nach dem Krankenhausfinanzierungsgesetz wird stufenweise angepaßt. Auf der Grundlage kommunaler Psychiatriepläne sollen die Kommunen den Ausbau der komplementären Angebote unter Einbeziehung des Landes, des Landeswohlfahrtsverbandes, der Liga der freien Wohlfahrtspflege und der Kostenträger forcieren. Mit zunehmendem Ausbau dieser Angebote sollen die Betten/Plätze je 1000 Einwohner von 0,06 auf 0,04 reduziert werden.

[311] ebd. , Grundsätze werden zitiert.

„Im Jahre 1990 wurden in insgesamt 7 Einrichtungen 449 kinder- und jugend-psychiatrische Betten/Plätze vorgehalten. Auf der Grundlage der für die kinder- und jugendpsychiatrische Krankenhausversorgung dargestellten Grundsätze ist das Angebot so weiterzuentwickeln, dass eine bedarfsgerechte, regional ausgewogene Versorgungsstruktur entsteht. Bis zum Jahr 2000 werden insgesamt nur 285 kinder- und jugendpsychiatrische Betten/Plätze benötigt. Gegenüber dem Jahr 1990 bedeutet dies eine Reduzierung um 164 Betten (36%).“[312]

[312] Staatsanzeiger für das Land Hessen. Fortschreibung des Hessischen Krankenhausplanes. (1994) S.482

Tabelle 1
Gesamtergebnis der Krankenhausplanung für kinder- und jugendpsychiatrische Bettenkapazitäten in Hessen (1994) [313]

Versorgungsgebiete	Kassel	Fulda, Bad Hersfeld	Gießen, Marburg	Frankfurt/M, Offenbach	Wiesbaden, Limburg	Darmstadt	Summe
Bettenbestand 1990	36		213	40	80	80	449
Änderung			-130		-34		-164
Zielplanung bis 2000	36		83	40	46	80	285
Offene Fragen		+33					+33

„Mit der 3. Fortschreibung des Krankenhausplanes wird eine bedarfsgerechte kinder- und jugendpsychiatrische Krankenhausversorgung angestrebt. Trotz der Reduzierung von kinder- und jugendpsychiatrischen Betten/Plätzen ist im Osten des Landes ein neues klinisches Angebot erforderlich“.[314]

313 ebd., Tabelle S.524
314 Staatsanzeiger für das Land Hessen. Fortschreibung des Hessischen Krankenhausplanes. S.526

7. Qualitätssicherung

1958 erschien im Bundesgesundheitsblatt ein Aufsatz mit dem Thema „Ziele und Aufgaben einer neuen Statistik der Geisteskrankheiten".[315] Ein Mitarbeiter des Bundesgesundheitsamtes denkt darin über die historischen Bemühungen der Klassifizierung psychiatrischer Erkrankungen nach, die bis in das Jahr 1794 zurückgehen, als die erste Zählung „gemeingefährlicher und tobsüchtiger Irrer" in Deutschland stattfand. Er stellt die Bemühungen um die Erfassung der Anzahl psychisch Kranker ausführlich dar, um auf die Notwendigkeit der Erhebung von „statistischem Material" aufmerksam zu machen, damit „brauchbare Daten für medizinische und soziologische Forschungsarbeiten" entstehen, die auch eine „ökonomische Aussagekraft" besitzen.

Qualitätsmanagement war damals noch ein unbekanntes Wort, doch die Abgleichung psychiatrischer Leistungen auf der Ebene definierter Arbeitsrichtlinien und eines Klassifikationssystems für psychiatrische Erkrankungen, war ein Anliegen der in Forschung und Praxis tätigen Ärzte.

Die Erfahrungen der Vergangenheit bestanden in einer Erhebung von 1925 in Deutschland, bei der eine Zählung der Geisteskranken nach einem zwanziggliedrigen Diagnoseschema in vier Gruppen durchgeführt wurde: Geisteskrankheit, schwere abnorme geistige Zustände, gehäufte epileptische Anfälle und Schwachsinn. Dieses Schema erschien jedoch zu grob und entsprach nicht dem Stand der Wissenschaft.

Von 1877 bis 1930 wurde im Rahmen der „Reichs-Heilanstalts-Statistik" eine nach Diagnosen gegliederte Aufstellung der Patienten in den „Anstalten für Geisteskranke, Epileptiker, Idioten, Schwachsinnige und Nervenkranke" gemacht. Im Band 423 der „Statistik des Deutschen Reiches" wurden die Erhebungen der Jahre 1927 bis 1930 veröffentlicht.[316] Nach einem Schreiben des Reichsministers des Innern vom 19.10.1931 wurde die Heilanstalts-Statistik durch eine neue Krankenanstalts-Statistik ersetzt. Darin sind die Patienten nicht mehr nach Diagnosen gegliedert aufgeführt, sondern es wurde nur die Gesamtzahl (Bestand, Zugang, Abgang durch Tod) ausgewiesen. Das Deutsche Reich erhob damit keine nach Diagnosen gegliederte Statistik der Geisteskranken mehr. Dies machte sich der Deutsche Verein für Psychiatrie zur Aufgabe. Die Aufarbeitung der Daten war eine freiwillige Arbeit eines Vereinsmitgliedes an

---

315 Anders, W., S.177

316 ebd. S.178

der Anstalt und die Zusammenstellung der Ergebnisse ebenfalls. Die Veröffentlichung der Zahlen fand zuletzt für das Jahr 1936 in der „Zeitschrift für Psychiatrie“ unter dem Titel „Anstaltsstatistik“ statt.[317] Ab 1938 wurde die Auswertung dieser Statistik in die Hände des Reichsgesundheitsamtes gelegt und es wurde damit schrecklicher Missbrauch betrieben. Eine Veröffentlichung der Erhebungen fand nicht mehr statt.

Die zunehmende Bedeutung der Betrachtung einer Krankheit unter statistisch-sozialhygienischen Gesichtspunkten, neben der individuell-klinischen, brachte die Notwendigkeit, die Arbeit an einer Statistik wieder neu aufzunehmen. Zugrundegelegt werden soll dieser Statistik eine neue Klassifikation der psychischen Erkrankungen im Erwachsenen- und Kindes- und Jugendalter. Den Weg zu einer neuen „Systematik“ wollte man „über Bestandserhebungen bei Schulkindern, bei Wehrpflichtigen und über Gebrechlichkeitszählungen, ferner über die Anstaltsstatistik“ gehen.[318]

Die Schwerfälligkeit in der Entwicklung einer Datenerhebung in der Psychiatrie erfuhr erst in den siebziger Jahren, durch den Beginn der Reform zur Versorgung psychisch Kranker, einen positiven Weiterentwicklungsanreiz. „Bereits die Beschreibung der Mängel und Mißstände in der psychiatrischen Versorgung, die den Ausgangspunkt der Reformen bedeutete, machte eine eigene Erhebung und Untersuchung, die eigentliche Psychiatrie-Enquête, notwendig und konnte nicht auf der Basis vorliegender und vorstrukturierter Daten vorgenommen werden. Die Ergebnisse der Enquête bildeten die Wissensgrundlage, auf der alle folgenden Umstrukturierungsmaßnahmen und Modellprogramme gründeten.“[319]

Die Notwendigkeit der Qualitätssicherung ärztlichen Handelns folgte dann aus der Tatsache, dass bei ein- und demselben definierbaren Leistungspaket („Gesundheitsprodukt“) erhebliche Unterschiede im Leistungsspektrum der Diagnostik, der Therapie und der Rehabilitationsmaßnahmen festzustellen sind. „Diese vor allem quantitativen Unterschiede wirken sich in erheblichem Maße auf die Kosten des überwiegend durch Beiträge finanzierten Gesundheitswesens der BRD aus.“[320] Angesichts des zunehmenden Kostendrucks sind Maßnahmen zur Qualitätssicherung auch in der Kinder- und Jugendpsychiatrie unabdingbar

---

[317] ebd. S.179

[318] ebd. S.184

[319] Rössler, W.; Salize, H.J.

[320] Schirm, H., S.725

geworden.[321] Qualität muss dabei aber auch als ein Prozess verstanden werden, in den alle Berufsgruppen und alle Hierarchieebenen einzubinden sind.

Das Gesundheitsreformgesetz vom 1.1.1989 verpflichtet die Krankenhäuser und ihre Träger zu Qualitätssicherungsmaßnahmen. „Unter Qualitätssicherungsmassnahmen versteht man die Summe aller innerbetrieblichen Massnahmen, Verfahren, Strukturen und Organisationsformen, die dem Ziel dienen, Qualität zu entwickeln, zu erreichen, zu sichern und zu gewährleisten."[322] Für die Psychiatrischen Krankenhäuser und Kliniken für Kinder- und Jugendpsychiatrie des LWV Hessen wurden „Grundsätze zur Qualitätssicherung im Psychiatrischen Krankenhaus" am 20.11.1992 beschlossen.[323] Als bedeutende Voraussetzung für die Entwicklung und die Realisation der Qualitätssicherung und den Erhalt der Qualität in den psychiatrischen Krankenhäusern und Kliniken des LWV Hessen, wird die „Verordnung über Maßstäbe und Grundsätze für den Personalbedarf in der stationären Psychiatrie - (Psychiatrie- Personalverordnung) vom 18.12.1990 gesehen.

7.1. Die Befunddokumentation in der Kinder- und Jugendpsychiatrie

Die Grundlage für Maßnahmen der Qualitätssicherung ist ein Dokumentationssystem, das eine „Zuordnung möglichst objektiv erhebbarer Kerndaten der Patienten unter Einschluß eines standardisierten psychopathologischen Befundes umfaßt."[324]

In der Diagnosen- und psychopathologischen Befunddokumentation verfügt die Kinder- und Jugendpsychiatrie mittlerweile über ein erprobtes Arbeitsmaterial, welches bei der Dokumentation verwendet werden sollte:

- das Multiaxiale Klassifikationsschema für psychiatrische Erkrankungen im Kindes- und Jugendalter (MAKS) nach Rutter, Shaffer und Sturge (deutsche Bearbeitung Remschmidt und Schmidt 1986), das unter Verwendung der

---

321 ebd.

322 LWV, Qualitätssicherung im Psychiatrischen Krankenhaus.

323 ebd. S.9

324 Poustka, F.
multiaxial: axial= von lateinisch Axis"Achse"; auf die Achse bezüglich, in der Richtung der Achse. Der deutsche Begriff „Achse", wird neben dem lateinischen „axial" verwendet.

- ICD-10 und der neugestalteten und erweiterten Achse V (aktuelle abnorme psychosoziale Umstände, deutsche Fassung: Poustka 1994), sowie unter Einschluß einer sechsten Achse (Globaleinschätzung der psychosozialen Behinderung, WHO 1991) wesentliche Verbesserungen erfahren hat, und
- die Psychopathologische Befunddokumentation („Kinder- AMDP"[325]), die in Anlehnung an das AMPD-System[326] und unter Einbeziehung der Diagnosekriterien der ICD-10 und des amerikanischen Klassifikationsschemas DSM-III-R entwickelt wurde und in dieser Form bereits an mehreren deutschsprachigen Kliniken eingeführt worden ist.[327]

Im multiaxialen Klassifikationsschema (MAKS) sind 6 Achsen definiert, in die sich die kinder- und jugendpsychiatrischen Diagnosen zuordnen lassen:

Achse I: klinisch psychiatrisches Syndrom
Achse II: umschriebene Entwicklungsstörung
Achse III: Intelligenzniveau
Achse IV: körperliche Symptomatik
Achse V: assoziierte aktuelle abnorme psychosoziale Umstände
Hier sollen psychosoziale Belastungssituationen und Begleitumstände klassifiziert werden, die in den letzten sechs Monaten vor dem Untersuchungszeitpunkt vorgelegen haben und als erheblich eingeschätzt werden.
Achse VI: Globalbeurteilung der psychosozialen Anpassung

Als Referenzzeitraum für diese Einschätzung werden drei Monate vor der klinischen Untersuchung einbezogen.

Es werden folgende Bereiche erfaßt: interpersonelle Beziehungen; Bewältigung von sozialen Situationen; schulische und berufliche Anpassung; Interessen und Freizeitaktivitäten. Zusätzlich wurde ein „diagnoseergänzender Symptomenkatalog" berücksichtigt, der klinische Merkmale enthält, die kein essentieller Bestandteil der klinisch- psychiatrischen Hauptdiagnose sind.[328]

Nicht nur die Vergleichbarkeit der Daten und die bessere Auswertbarkeit sprechen eindeutig für eine Standardisierung des psychopathologischen Befun-

[325] Kinder- AMPD von Döpfner et al. 1993
[326] AMPD-System nach Fähndrich und Stieglitz 1989
[327] Poustka, F., S.159 f
[328] Freyberger, H. siehe auch Fußnote 263

des, sondern vor allem auch der wesentlich höhere Informationsgehalt gegenüber freien Aufzeichnungen. Als allgemeiner Qualitätsstandard für die ambulante, wie stationäre Kinder- und Jugendpsychiatrie, ist ein sorgfältig dokumentierter psychopathologischer Befund, ab dem Erstkontakt mit dem Patienten, unentbehrlich, um auch einer kritischen Überprüfung einer kostenaufwendigen Therapie durch den Kostenträger standzuhalten.[329]

[329] ebd. S.160

IV. Gesetzliche Grundlagen für die kinder- und jugendpsychiatrische Arbeit

Das Kind ist als kleines soziales Wesen eingebunden in die Gemeinschaft mit Mutter und Vater oder einer anderen es betreuenden Person. Es wächst langsam in eine Beziehungsstruktur zu immer mehr Mitmenschen hinein und muss dabei mit der Zeit auch Verantwortung und Pflichten für die Gemeinschaft übernehmen, die diese Gemeinschaft aber auch für das Kind und seine Familie übernimmt. Die Entwicklung des Kindes zum Jugendlichen wird begleitet von pädagogischen und medizinischen Angeboten, die ihm Anreize für eine gesunde Entwicklung geben wollen. Für die medizinische Begleitung des Kindes ist eine Reihe von Vorsorgeuntersuchungen vorgesehen, die Vorsorge gegen Krankheiten treffen sollen und die Krankheiten frühzeitig erkennen helfen sollen, um rechtzeitig entsprechende Gegenmaßnahmen vornehmen zu können. Diese medizinischen Leistungen werden von der Krankenversicherung gewährt. Schwierig wird es bei nicht-ärztlichen Leistungen, für deren Bezahlung oft auf die Sozialhilfe verwiesen wird.

Wo Eltern, insbesondere auch alleinerziehende Elternteile, mit der Erziehung oder Fürsorge für das Kind physisch, psychisch, geistig oder auch materiell überfordert sind, können den Eltern oder dem Elternteil eine ganze Reihe von Hilfen angeboten werden. Diese Hilfen werden von den unterschiedlichen Leistungsträgern der kommunalen Behörden, der Länderbehörden und der Bundesbehörden, aus den Bereichen des Gesundheitswesens, der Jugendhilfe, der Sozialhilfe und des Bildungswesens angeboten. Zentraler Gedanke dieses Netzwerkes sozialer Verantwortlichkeit, ist der Gedanke der Chancengleichheit für jedes Kind, auch wenn es unter ungünstigen Lebensbedingungen aufwachsen muss.

1. Jugendfürsorge

Der Erste, der ein System privater und öffentlicher Hygiene zum Schutze der Gesundheit des Einzelnen und der Gesellschaft (Gruppe) entwickelte, war Johann Peter Frank (1745 - 1821) in seinem sechsbändigen „System einer vollständigen medizinischen Polizey" (1779-1817). Er befaßte sich aufgrund von theoretischen Überlegungen und Vorstellungen sowie von praktischen Erfahrungen, mit Fragen der Fortpflanzung, von Heirat, Schwangerschaft, Entbindung, Arbeitsbefreiung und staatlicher Unterstützung der Wöchnerinnen sechs Wochen nach dem Wochenbett, mit der Gesundheit von Säuglingen, Kleinkindern und Schulkindern, mit der ärztlichen Überwachung der Schulen sowie mit Problemen der Ernährung, Kleidung, Wohnung und Erholung. Der zweite Band seiner „Medizinischen Polizey" aus dem Jahre 1782, ist dem Kinderschutz gewidmet.[330]

Erst mit der Zeit entstand das Bewußtsein, eine eigene Rechtssicherungen für Kinder- und Jugendliche zu schaffen. In den großen Städten entstanden allmählich Stellen und Behörden zur Koordinierung von Maßnahmen der Jugendhilfe.[331] Auf das Betreiben von Julius Raecke, der seit 1911 Oberarzt an der Irrenanstalt in Frankfurt am Main war, waren im Jahre 1914 in Frankfurt am Main Fürsorgestellen eingerichtet worden, die die Irrenanstalt von „chronischen Pfleglingen" entlasten sollten und dem allgemeinen Bestreben Rechnung tragen sollten, die Freiheit des einzelnen zu schonen.[332]

Während des ersten Weltkrieges löste „die Zuspitzung einer Reihe von Jugendproblemen" dann den Entwurf eines Jugendfürsorgegesetzes aus, das im

---

330 Trüb, C.L.P.

331 Der Bundesminister für Jugend, Familie und Gesundheit. Dritter Jugendbericht (1972).S.27

332 Priebe, S., Soziale Psychiatrie und Sozialpsychiatrie. S.6
Definition der „Fürsorge" (Der Grosse Brockhaus, 1930): „Anfang des 20. Jh. Bezeichnung für Armenwesen und Wohltätigkeit; später ausgedehnt auf jede Förderung einzelner Bevölkerungskreise durch den Staat oder öffentliche Einrichtungen. Die öffentlich rechtliche Pflicht zur Fürsorge für Notleidende und Gefährdete ist geregelt durch das Gesetz vom 13.Februar 1924, das von der Regierung im Auftrag des vertagten Reichstages (daher Fürsorgepflichtverordnung) erlassen wurde, um bei der Stabilisierung alle Fürsorgeaufgaben vom Reich auf die Kommunalverbände zu überwälzen und zugleich die Armenpflege mit den anderen neuen Fürsorgezweigen zu vereinen."

Juli 1918 dem preußischen Landtag vorgelegt wurde und die Errichtung von Jugendämtern für Stadt- und Landkreise vorsah.

Dieses Gesetz kam im Untergang des Kaiserreiches nicht mehr zustande, aber der Entwurf wirkte weiter. Er führte in Sachsen (1918) und in Württemberg (1919) zu Landesgesetzen und mündete schließlich in das Reichsjugendwohlfahrtsgesetz (RJWG), das am 9.Juli 1922 vom Reichstag verabschiedet wurde. Mit diesem Gesetz und mit dem dazugehörigen, im folgenden Jahre verabschiedeten Jugendgerichtsgesetz (JGG 1923), wurde ein erstes umfassendes Jugenderziehungsrecht geschaffen, das die Grundlage der heutigen Gesetzesregelungen bildet.[333]

Das Reichsjugendwohlfahrtsgesetz hat die Einrichtung des Jugendamtes begründet. „Zunächst sollte das Jugendamt eine Erziehungsbehörde sein. Es sollte die verschiedenen Aktivitäten der Jugendhilfe, die vorher von anderen Behörden nebenbei wahrgenommen wurden, unter dem Leitfaden der Erziehung zusammenfassen. Das Schwergewicht lag bei den Hilfen für Kinder in besonderen Nöten: elternlosen, unehelichen, vernachlässigten, mißhandelten, verhaltensgestörten, armenrechtlich bedürftigen Kindern, für die diese Behörde der Anwalt für verbesserte Erziehungsbedingungen werden sollte.

Ein weiteres Kennzeichen war die demokratische Konstruktion, die dieses Amt mit lokalen Initiativen und bestehenden Einrichtungen verknüpfen sollte. Gewählte Vertreter der Öffentlichkeit und ein „Leitender Beamter“ als Jugendamtsleiter bildeten gemeinsam ein Entscheidungsgremium.“[334]

Noch bevor dieses Gesetz in Kraft trat und ein System von Jugendämtern ins Leben rufen konnte, wurde es wieder verändert.

Ein Einführungsgesetz und die Verordnung vom 14. Februar 1924, die mit Rücksicht auf die Finanznot des Reichs erlassen wurde, „hoben nicht nur die gesetzlich vorgeschriebenen Zuschüsse des Reichs für die Jugendhilfe auf, sondern zugleich auch die Verpflichtung des Reichs und der Länder, diejenigen Bestimmungen des RJWG wirklich durchzuführen, die neue Aufgaben der Jugendwohlfahrt vorschrieben. Die Gemeinden und Gemeindeverbände konnten die Einrichtung von Jugendämtern unterlassen und ihre Aufgaben anderen Amtsstellen übertragen. Die Verpflichtung der Ämter zu jugendpflegerischen Aktivitäten wurde dadurch ganz aufgegeben, der verpflichtende Teil der fürsor-

---

[333] Der Bundesminister für Jugend, Familie und Gesundheit. Dritter Jugendbericht. S.27
[334] ebd.

gerischen Maßnahmen stark eingeschränkt. Die wirtschaftliche Unterstützung hilfebedürftiger Kinder übertrug man auf die Bezirksfürsorgeverbände".[335]

Durch ein Reichsgesetz vom 1. Februar 1939 wurde durch die nationalsozialistische Regierung auch im Jugendamt das „Führerprinzip" eingeführt und die kollegiale Verfassung beseitigt. Nach diesem Gesetz führte nun der Bürgermeister einer Gemeinde die Geschäfte des Jugendamtes, nach den Vorschriften der Gemeindeordnung.

Die Jugendpflege war von 1934 an die Organisation der Hitler-Jugend übergegangen, und die Jugendfürsorgeaufgaben wurden ab 1937 der „Nationalsozialistischen Volkswohlfahrt" übertragen. [336]

„Schwererziehbare" Kinder und Jugendliche werden in den folgenden Jahren einer grausamen „Erziehung" unterzogen. Ziel der Erziehung war es, den eigenen Willen des Kindes zu brechen, es zum absoluten Gehorsam und zur Unterwerfung zu erziehen. Über die „Erziehungsfähigkeit" oder die „schwierigen Naturen" urteilen Kriminalbiologen, die behaupten, dass Kriminalität erblich sein und sich in körperlichen Merkmalen ausdrücke. Die „erblich Minderwertigen" sind von der „Volksgemeinschaft" zu isolieren und unterzubringen, unter Ausnutzung ihrer Arbeitskraft: „Es kann jedem Volksgenossen nur soviel an Rechten zugestanden werden, wie er Pflichten gegenüber der Volksgemeinschaft zu erfüllen bereit oder fähig ist. Es ist also selbstverständlich, dass das Jugendamt seine Sorge vorzüglich jenen Kindern und Jugendlichen zuzuwenden hat, an denen die Volksgemeinschaft besonders interessiert ist. Andererseits ist es bemüht, Gefahren von der Gemeinschaft abzuhalten, welche durch die Verwahrlosung eines besonders gefährdeten Teils der Jugend drohen. Die Erziehungsarbeit muß da aufhören, wo das Recht der Gemeinschaft auf den Schutz vor einem Schädling durch seine Bewahrung beginnt."[337]

Wenn der Jugendliche mit Vollendung des 19.Lebensjahres aus der Fürsorgeerziehung ausschied, mußte er ab 1941 mit Konzentrationslager-Haft auf Lebenszeit rechnen.[338]

In den Wintermonaten Ende 1932 bis Frühjahr 1933, wurden unzählige (reichsweit einige tausend) Jugendliche aus den Heimen oder Anstalten, wahrscheinlich aus Kostenersparnisgründen, auf die Straße entlassen. Es gab die Auf-

---

335 Der Bundesminister für Jugend, Familie und Gesundheit. Dritter Jugendbericht. S.28 f

336 ebd. S.29

337 Baumann, R., S.75

338 Freyberg, J.v. et al., S.62

fassung, Berufsausbildung von Fürsorgezöglingen sei unsinnig in einer Zeit, in der „normale“ Jugendliche dauerarbeitslos waren. Die öffentliche Fürsorge musste sich nun um sie kümmern.

Nach einer Notverordnung des Reichspräsidenten über „Jugendwohlfahrt“ vom 4. November 1932 durfte Fürsorgeerziehung nur noch dann angeordnet werden, wenn sie „Aussicht auf Erfolg“ hatte. Die Beurteilung darüber war dem willkürlichen Ermessen der Erzieher, Heimleiter und Jugendämter überlassen. Eine einschneidende Veränderung brachte die Vorschrift, dass Fürsorgeerziehung nur bis zum vollendeten 19.Lebensjahr gewährt werde. Eine Fortführung war nur noch bei Vorliegen besonderer Verhältnisse möglich. Diese Bestimmungen waren so weit gefasst und dehnbar, dass sie der Ausgrenzung Jugendlicher alle Möglichkeiten eröffneten.[339]

Die „Verwahrlosten“ wurden verschärft bekämpft. Manche bisherige Aufgabe der Fürsorge übernahm nun die Polizei, wie auch seit 1940 die SS-Erziehung in den sogenannten Jugendschutzlagern mit KZ-Charakter“.[340]

Nach Kriegsende und Gründung der Bundesrepublik Deutschland wurden die nationalsozialistischen Veränderungen außer Kraft gesetzt. Das alte „entnazifizierte“ RJWG bestand zunächst fort.

Das Bundesgesetz zur Änderung von Vorschriften des RJWG vom 28.8.1953 „Novelle 1953“ genannt, brachte die Zweiteilung der Behörde in einen „Jugendwohlfahrtsausschuß“ und die „Verwaltung des Jugendamtes“. Die Rechtslage, die damit für Trägerschaft, Organisation und Zuständigkeit des Jugendamts geschaffen worden ist, hat sich auch in der Folgezeit, durch Neufassungen und Ergänzungen des Gesetzes, nicht wesentlich verändert.

Das Jugendwohlfahrtsgesetz vom 11.08.61(JWG) brachte keine Neukonzeption des Jugendhilferechts, es hat lediglich den Charakter einer Novelle. Es hat den Aufbau und alle wesentlichen Inhalte des RJWG von 1922 übernommen. Als Neuerung wird die Fürsorgeerziehung von der „freiwilligen Erziehungshilfe“ abgelöst und die Heimaufsicht wird eingeführt.[341]

In Hessen gab es ab 1953 zwei „Obere Landesjugendbehörden“ mit unterschiedlichen Aufgaben. Der gerade gegründete Landeswohlfahrtsverband erhielt die Aufgaben der früheren Fürsorgeerziehungsbehörde und das Landesjugen-

339 Guse, M.; Kohrs, A., S.230
340 Baumann, R., S.76
341 Der Bundesminister für Jugend, Familie und Gesundheit. Dritter Jugendbericht. S.29

damt wurde Staatlich, mit erweiterten Aufgaben (z.B. Heim- und Kindertagesstättenaufsicht).[342]

Mit der Verabschiedung des „Kinder- und Jugendhilfegesetzes“ 1990 und des „Hessischen Ausführungsgesetzes“ von 1992, wird die Kommunalisierung der Jugendhilfe zum 1.Januar 1994 festgeschrieben. Dies und die Entscheidung der Landesregierung für ein „Staatliches Landesjugendamt“, ist eine tiefgreifende Veränderung in der Geschichte des Landeswohlfahrtsverbandes. Die Finanzierung der Hilfen zur Erziehung und die Förderung von Erziehungsberatungsstellen fällt nun direkt an die örtlichen Jugendämter.[343]

1.1. Kinder- und Jugendhilfegesetz und seelische Behinderung als Aufgabe der Jugendhilfe

Das Achte Buch Sozialgesetzbuch (SGB VIII) hat als Kinder- und Jugendhilfegesetz (KJHG) in der Änderung durch das Erste Gesetz zur Änderung des Achten Buches Sozialgesetzbuch vom 26. Februar 1993 [344] die Jugendhilfe um einen wichtigen Aufgabenbereich erweitert, indem ihr auch die Eingliederungshilfe für seelisch behinderte Kinder und Jugendliche zugewiesen wurde.[345] Der Begriff der „seelischen Behinderung“ ist im Zusammenhang mit Kindern und Jugendlichen ein problematischer Begriff, da die Begriffsbestimmung der „Behinderung“ im Zusammenhang mit einer „seelischen“ Erkrankung in einem sehr weiten Wasser der Auslegungsmöglichkeiten verschwimmt. Besonders die Beurteilung der Kinder, die von einer „seelischen Behinderung bedroht“ sind, stellt den begutachtenden Arzt vor vielfältige Fragen.

Mit dem Inkrafttreten des Einigungsvertrages am 03. Oktober 1990, wurde das kurze Zeit zuvor vom Deutschen Bundestag beschlossene Kinder- und Jugendhilfegesetz (SGB VIII) auch in den neuen Bundesländern in Kraft gesetzt, wobei eine Reihe von Übergangsvorschriften den spezifischen Bedingungen

[342] Doenst, H., S.44

[343] ebd. S.44

[344] Der Hessische Ministerpräsident. Die Hessische Ministerin für Umwelt, Energie, Jugend, Familie und Gesundheit.
Gesetz zur Änderung der Ausführungsvorschriften zum Kinder- und Jugendhilfegesetz, zum Jugendschutzgesetz und ...

[345] Lempp, R.

Rechnung trugen und eine schrittweise Übernahme der neuen Aufgaben und Rechtsverpflichtungen bis zum 31. Dezember 1994 vorsahen.[346]

Ab 1.1.1995 wurde das neue Kinder- und Jugendhilfegesetz in der Bundesrepublik uneingeschränkt gültig. Zum gleichen Zeitpunkt ist die Zuständigkeit für die Eingliederungshilfe für seelisch behinderte junge Menschen von der Sozialhilfe zur Jugendhilfe verlagert worden. In Hessen ist dies zum 1.1.1996 erfolgt.

Für Kinder und Jugendliche mit drohender seelischer Behinderung, sind vor allem die im KJHG formulierten Rechtsansprüche wesentlich, insbesondere auch der Anspruch auf Maßnahmen der Eingliederungshilfe für seelisch behinderte Kinder und Jugendliche. Bei den Hilfen zur Erziehung sind die „Personensorgeberechtigten" die Anspruchsträger.

Eingliederungshilfemaßnahmen nach § 39 BSHG[347] werden nun den betroffenen Kindern und Jugendlichen über die Jugendhilfe zugänglich. Erscheinen spezielle therapeutische Hilfen notwendig, so soll bei der Aufstellung und Änderung des Hilfeplanes, sowie der Durchführung der Hilfe, ein Arzt, der über besondere Erfahrungen in der Hilfe für Behinderte verfügt, mitwirken. Für diese ärztliche Verantwortung ist der Arzt für Kinder- und Jugendpsychiatrie und -psychotherapie in besonderer Weise qualifiziert.

In einer Stellungnahme der Fachverbände für Kinder- und Jugendpsychiatrie und -psychotherapie [348] sind deshalb folgende Bewertungen und Empfehlungen formuliert:

- Die Einbeziehung seelisch behinderter oder von seelischer Behinderung bedrohter Kinder und Jugendlicher in die Zuständigkeit der Jugendhilfe ist als Fortschritt zur besseren Versorgung dieses Personenkreises zu werten.
- Der § 35a KJHG stellt den weiter bestehenden Anspruch auf Eingliederungshilfe fest und weist ihn in der Umsetzung für den Personenkreis der seelisch behinderten oder von Behinderung bedrohten Kinder und Jugendlichen und jungen Volljährigen der Jugendhilfe zu.

---

346 Der Bundesminister für Familie, Senioren, Frauen und Jugend. Neunter Jugendbericht. S. XXI

347 §39-44, 46 und 47 = Eingliederungshilfe für Behinderte

348 Fachverbände Deutsche Gesellschaft für Kinder- und Jugendpsychiatrie und -psychotherapie. Kinder- und Jugendhilfegesetz. S.654 f.

- Die Zuziehung der ärztlichen Fachkompetenz wird in § 36 KJHG ausdrücklich angefordert. Der bereits bewährten Praxis der Kooperation von Jugendhilfe und Kinder- und Jugendpsychiatrie und -psychotherapie in der Abstimmung von Maßnahmen der Erziehungs- und Eingliederungshilfe sollte verstärkt im Rahmen der Erarbeitung des Hilfeplans (§36 BSHG) Geltung verschafft werden.

Die Kooperation von Jugendhilfe und Kinder- und Jugendpsychiatrie und -psychotherapie ist entsprechend dem gemeinsamen Positionspapier der Jugend- und Gesundheitskonferenz von 1991 (Beschluß der Konferenz der Jugendminister und -senatoren der Länder am 20./21. Juni 1991 in Mainz) voranzutreiben:

- Ein stukturiertes, halbstandardisiertes Formular für die ärztliche Stellungnahme zum § 35 a KJHG sollte in Kooperation mit den örtlichen Jugendämtern erarbeitet werden.
- Ein systematisches Fort- und Weiterbildungsangebot ist vordringlich, so dass die fachlichen Voraussetzungen der Kooperation zwischen Vertretern der Kinder- und Jugendpsychiatrie und -psychotherapie und der Jugendhilfe gesichert werden.
- Den Ländern empfehlen die kinder- und jugendpsychiatrischen Fachverbände durch Ausführungsgesetze vor allem zu den Abgrenzungsproblemen klare Regelungen zu erlassen.
- Eine versorgungsepidemiologische wissenschaftliche Evaluation der Umsetzung von Hilfen für Kinder mit psychischer Behinderung ist dringend erforderlich.
- Die kinder- und jugendpsychiatrischen Fachverbände (die Fachverbände „Deutsche Gesellschaft für Kinder- und Jugendpsychiatrie und -psychotherapie“ [DGKJP], „Berufsverband der Ärzte für Kinder- und Jugendpsychiatrie und -psychotherapie“ [BKJPP], „Bundesarbeitsgemeinschaft der leitenden Ärzte kinder- und jugendpsychiatrischer Kliniken und Abteilungen“ [BAG]) fordern kinder- und jugendpsychiatrische Kompetenz bei der Jugendhilfeplanung (z.B. durch Beteiligung in den regionalen und überregionalen Jugendhilfeausschüssen).

2. Sozialrecht

Der Begriff „Sozialrecht" umfasst kein abgegrenztes Gebiet an Gesetzen. Er ist als Ordnungsbegriff für ein System zu verstehen, „unter dem eine Vielzahl von Einzelgesetzen nach Funktionen oder Zweckbestimmungen zusammengefasst sind."[349]

Sozialrechtlich-medizinische Probleme treten vor allem auf in den großen Bereichen[350]

- der Sozialversicherung mit ihren Zweigen der gesetzlichen Krankenversicherung
  der gesetzlichen Unfallversicherung
  (z.B. Berufsgenossenschaften)
  der gesetzlichen Rentenversicherung
  (z.B. BfA, LVA)
- der Sicherung vor und bei Arbeitslosigkeit. (z.B. Arbeitsämter, Bundesanstalt für Arbeit)
- der sozialen Entschädigung in Form des Versorgungsrechts mit der Kriegsopferversorgung als Grundlage, aber auch Versorgung von Opfern von Gewalttaten, Impfschäden, Soldatenversorgung. (z.B. Versorgungsämter)
- der Rehabilitation einschließlich des Rechts der Schwerbehinderten. (z.B. Versorgungsämter, zum Teil Arbeitsämter)
- Entschädigung der Naziverfolgten. (z.B. Landesämter für Entschädigung, Regierungspräsidenten)
- der Sozialhilfe. (z.B. Sozialämter von Gemeinden, Kreisen, Städten)

---

[349] Erlenkämper, A., S.2
[350] nach Hennies, G., S.8

Diese Sozialleistungsträger sind rechtlich selbständige Körperschaften oder Anstalten des öffentlichen Rechts, oder Behörden solcher Körperschaften. Sie führen die Sozialgesetze in jeweils eigener Zuständigkeit aus. In Teilbereichen werden Entscheidungen „im Rahmen der Amtshilfe", durch die Stellungnahmen mehrerer Gutachter aus verschiedenen Behörden, herbeigeführt. (Zum Beispiel bei Entscheidungen zum BSHG arbeiten Sachverständige aus dem Sozialamt und Gesundheitsamt zusammen). Die allgemeine Rechtsaufsicht liegt beim Bundesversicherungsamt.[351]

Der Gesetzgeber hat im Sozialgesetzbuch (SGB) das Sozialrecht zusammenzufassen, in einer für den Bürger verständlichen Form. Das Sozialgesetzbuch ist in mehrere Teile gegliedert:

I.	Buch:	Allgemeiner Teil
II.	Buch:	Ausbildungsförderung
II.	Buch:	Arbeitsförderung
IV.	Buch:	Sozialversicherung
V.	Buch:	soziales Entschädigungsrecht
VI.	Buch:	Wohngeld
VII.	Buch:	Kindergeld
VIII.	Buch:	Kinder- und Jugendhilfe
IX.	Buch:	Sozialhilfe
X..	Buch:	Verfahren

1975 trat das erste Buch, der „Allgemeine Teil des Sozialgesetzbuches" in Kraft. Es regelt die sozialen Grundrechte und die diesen Rechten entsprechenden Sozialleistungen. Es enthält weiterhin allgemeine Vorschriften für alle erfassten Sozialbereiche. Die Ausführung der einzelnen Sozialgesetze liegt nicht einheitlich bei einer Verwaltungsbehörde oder bei einem Versicherungsträger.

---

[351] Erlenkämper, A., S.7

2.1. Gesetzliche Krankenversicherung

Die grundsätzliche Hilfe bei der Krankheit eines Kindes oder Jugendlichen gewährt die gesetzliche Krankenversicherung, wie sie auch schon in der Früherkennung und Vorsorge für den heranwachsenden Menschen Leistungen anbietet. Sie gewährt Dienst- und Sachleistungen in Gestalt von ambulanter und stationärer ärztlicher Behandlung, Versorgung mit Arznei- und sonstigen Heil- und Hilfsmitteln. Gesetzlich geregelt ist die Krankenversicherung in der RVO (Reichsversicherungsordnung). Die Leistungen der Krankenversicherung werden bei dem Vorliegen einer Krankheit gegeben, also einem „regelwidrigen Körper- oder Geisteszustand". Auf die Ursache der Krankheit kommt es nicht an. Eine entschädigungspflichtige Krankheit liegt auch dann vor, wenn sie angeboren oder schuldhaft herbeigeführt worden ist.[352] Die medizinische Ursache kann von Bedeutung sein, wenn es um Zuständigkeiten anderer Sozialleistungsbereiche geht.

Die Notwendigkeit der Heilbehandlung ist gegeben, wenn „durch sie regelwidrige Körper- oder Geisteszustände behoben, gebessert oder vor Verschlimmerung bewahrt, Schmerzen oder sonstige Beschwerden gelindert werden können oder das Leben für begrenzte Zeit verlängert wird."[353]

2.2. Sozialhilfe

Die Sozialhilfe soll dem einzelnen Bundesbürger nach § 1 BSHG, die „Führung eines Lebens ermöglichen, das der Würde des Menschen entspricht". Jeder Bürger hat einen Rechtsanspruch auf Sozialhilfe. Träger der Sozialhilfe sind die Länder und die Landkreise oder kreisfreien Städte. Sozialhilfe erhält, wer sich in den verschiedenen Bereichen, in denen die Sozialhilfe einsetzt, selbst nicht beziehungsweise nicht zumutbar helfen kann und die erforderliche Hilfe auch nicht von anderen, insbesondere von Angehörigen oder Trägern anderer Sozialleistungen, erhält. Die Sozialhilfe setzt erst ein, wenn keine anderen Möglichkeiten oder Hilfen bestehen.

---

352 ebd. S.21

353 Erlenkämper, A., S.22

Die Sozialhilfe umfasst folgende Leistungen[354]:

- Hilfe zum Lebensunterhalt
- Hilfe in besonderen Lebenslagen, wie:
- Hilfe zum Aufbau oder zur Sicherung der Lebensgrundlage
- Ausbildungshilfe
- vorbeugende Gesundheitshilfe
- Krankenhilfe, sonstige Hilfe und Hilfe zur Familienplanung
- Hilfe für werdende Mütter und Wöchnerinnen
- Eingliederungshilfe für Behinderte
- Tuberkulosehilfe
- Blindenhilfe
- Hilfe zur Weiterführung des Haushalts
- Hilfe zur Überwindung besonderer sozialer Schwierigkeiten
- Altenhilfe

Der Eingliederungshilfe kommt im Bereich der Kinder- und Jugendpsychiatrie eine besondere Bedeutung zu. Die Schwerpunkte der Eingliederungshilfe liegen vor allem in der Förderung von Personen mit angeborenen oder frühkindlich erworbenen körperlichen oder geistigen Behinderungen. Sie ist Personen zu gewähren, die nicht nur vorübergehend körperlich, geistig oder seelisch wesentlich behindert sind (§ 39 Abs.1 BSHG). Personen mit anderen körperlichen, geistigen oder seelischen Behinderungen kann sie gewährt werden. Diesen Behinderten stehen Personen gleich, die von einer Behinderung bedroht sind (§ 39 Abs.2 BSHG), es sei denn die Behinderung kann durch Maßnahmen der vorbeugenden Gesundheitshilfe (§ 36) oder der Krankenhilfe (§37) behoben werden.

Zum Personenkreis dem Eingliederungshilfe zusteht, gehören deshalb körperlich wesentlich Behinderte, geistig wesentlich Behinderte und seelisch wesentlich Behinderte. Seelisch wesentlich behindert sind Personen (§ 39 Abs.1,1 BSHG), bei denen infolge seelischer Störungen die Fähigkeit zur Eingliederung in die Gesellschaft in erheblichem Umfang beeinträchtigt ist. Dazu gehören körperlich nicht begründbare Psychosen, seelische Störungen als Folge von Krankheiten oder Verletzungen des Gehirns, von Anfallsleiden oder von anderen Krankheiten oder körperlichen Beeinträchtigungen, Suchtkrankheiten und Neurosen und Persönlichkeitsstörungen.

[354] ebd.

Aufgabe der Eingliederungshilfe ist die Verhütung einer drohenden Behinderung oder die Beseitigung der Folgen einer vorhandenen Behinderung, um den Behinderten wieder in die Gesellschaft einzugliedern.

Seit dem 1.1.1996 ist in Hessen die Eingliederungshilfe für seelisch behinderte oder von Behinderung bedrohte Kinder und Jugendliche von der Sozialhilfe zur Jugendhilfe verlagert worden.

Um die Förderung der körperlich, geistig und seelisch kranken Kinder und Jugendlichen entsprechend den Maßgaben des BSHG durchführen zu können, ist ein Maßnahmenkatalog definiert worden, in dessen Rahmen Hilfen ausgeführt werden können. Maßnahmen zur Eingliederungshilfe (§ 40 BSHG) für Kinder und Jugendliche sind: [355]

- ambulante oder stationäre Behandlung oder sonstige ärztliche oder ärztlich verordnete Maßnahmen zur Verhütung, Beseitigung oder Milderung der Behinderung.
- Versorgung mit Körperersatzstücken sowie orthopädischen und anderen Hilfsmitteln.
- heilpädagogische Maßnahmen für Kinder, die noch nicht im schulpflichtigen Alter sind.
- Hilfe zu einer angemessenen Schulbildung.
- Hilfe zur Ausbildung für einen angemessenen Beruf.
- Hilfe zur Fortbildung im früheren oder einem verwandten Beruf oder zur Umschulung für einen angemessenen Beruf, auch wenn damit ein beruflicher Aufstieg verbunden ist.
- Hilfe zur Erlangung eines behinderungsgerechten Arbeitsplatzes.
- Hilfe zur Beschaffung einer bedürfnisgerechten Wohnung.
- nachgehende Hilfe zur Sicherung der Wirksamkeit der ärztlichen oder ärztlich verordneten Maßnahmen und zur Sicherung der Eingliederung des Behinderten in das Arbeitsleben.
- Hilfe zur Teilnahme am Leben in der Gemeinschaft.

Diese Maßnahmen werden dem Kind oder Jugendlichen nach ärztlichem Attest auf Antrag gewährt. Falls ein besonderer Klärungsbedarf besteht, kann das Gesundheitsamt in die Entscheidung mit einbezogen werden und um Beurteilung und Stellungnahme gebeten werden.

[355] Erlenkämper, A., S.170

2.2.1. Das Bundessozialhilfegesetz

Im vorangegangenen Kapitel ist das Bundessozialhilfegesetz schon mehrmals erwähnt und erläutert worden. Mit dem Bundessozialhilfegesetz ist der Gesetzgeber seiner Verpflichtung zur sozialen Aktivität auf dem Gebiet der öffentlichen Fürsorge, die sich aus der Sozialstaatsklausel des Grundgesetzes der Bundesrepublik Deutschland ergeben, nachgekommen.

Unter dem Begriff „öffentliche Fürsorge" wird die vom Staat oder von kommunalen Körperschaften geleistete Hilfe verstanden. Sie bedarf öffentlich-rechtlicher Normen. Sie reicht weiter als die im Bundessozialhilfegesetz geregelte Sozialhilfe und umfasst auch die Jugendhilfe, einschließlich des Jugendschutzes.

Das bis 31. Mai 1962 geltende Fürsorgerecht beruhte im wesentlichen auf der Verordnung über die Fürsorgepflicht und auf den Reichsgrundsätzen über Voraussetzung, Art und Maß der öffentlichen Fürsorge, beide aus dem Jahre 1924 stammend. An bedeutsamen zusätzlichen Sonderregelungen bestanden die verschiedenen Kriegsvereinfachungsverordnungen zum Fürsorgerecht, das Körperbehindertengesetz und das Gesetz über die Tuberkulosehilfe, sowie die unter den Fürsorgeträgern für die Geltendmachung von gegenseitigen Kostenerstattungsansprüchen abgeschlossenen Fürsorgerechtsvereinbarung aus den Jahren 1947/1949. [356]

Diese fürsorgerechtlichen Vorschriften wurden den geänderten gesellschaftlichen und sozialen Verhältnissen mit der Zeit nicht mehr gerecht.

„Nach Überwindung der ersten Massennotstände der Nachkriegszeit hatte die soziale Entwicklung dazu geführt, dass sich das Schwergewicht der Fürsorge von der Sicherung des reinen Existenzminimums auf die Hilfe in besonders qualifizierten Bedarfssituationen verlagerte; das ergab sich nicht zuletzt als eine zwangsläufige Folge der Reform anderer sozialer Leistungen, durch die die öffentliche Fürsorge zunehmend von den Einkommenshilfen zur Sicherstellung des laufenden Lebensunterhaltes entlastet wurde.

Das alte Fürsorgerecht baute noch auf den Vorstellungen auf, der Hilfsbedürftige sei lediglich Objekt behördlichen Handelns; die Hilfe werde ihm nicht in seinem eigenen Interesse, sondern im Interesse der Allgemeinheit zur Aufrechterhaltung der öffentlichen Sicherheit und Ordnung gewährt. Die Rechtsstellung des Hilfesuchenden und Hilfeempfängers mußte durch eine Neufassung

[356] Schelllhorn, W.

des Fürsorgerechts eindeutig definiert und gefestigt werden. Auch die Tatsache, dass das Recht der öffentlichen Fürsorge in einer Vielzahl von Gesetzen, Verordnungen und Vereinbarungen aufgesplittert war, erforderte dringend eine Reform."[357]

Im Rahmen einer umfassenden Sozialleistungsreform wurde von der Bundesregierung am 20. April 1960, der Entwurf eines Bundessozialhilfegesetzes in den Bundestag eingebracht (Bundestags-Drucksache 1799). Am 4. Mai 1961 hat der Bundestag das Gesetz verabschiedet. Der Bundesrat hat dem Gesetz am 26. Mai 1961 zugestimmt. Mit Datum vom 30. Juni 1961 wurde dieses Gesetz dann im Bundesgesetzblatt (S.815) verkündet. Es trat am 1. Juni 1962 in Kraft. Diese Übergangszeit war notwendig, um den Ländern Gelegenheit zu geben, die landesrechtlichen Ausführungsbestimmungen zu erlassen.

Zum Bundessozialhilfegesetz (BSHG) sind außer den Rechtsverordnungen des Bundes, in den Ländern vielfache Ausführungsregelungen erlassen worden, so das hessische Ausführungsgesetz zum Bundessozialhilfegesetz in der Fassung vom 16.09.1970, geändert durch Gesetz vom 5.10.1970.[358] Das BSHG begründet einen unmittelbaren Rechtsanspruch auf Hilfe mit den Worten: „Auf Sozialhilfe besteht ein Anspruch, soweit das Gesetz bestimmt, dass Hilfe zu gewähren ist." (§ 4 Abs.1) Durch das Gesetz wurde erstmalig kranken und behinderten Kindern ein einklagbarer Rechtsanspruch auf vielfältige Eingliederungshilfen zugesichert.

Die im BSHG verwendeten Begriffe entsprechen zum Teil nicht mehr dem früheren Recht.

In dem neuen Gesetz ist an die Stelle des Begriffs „Fürsorge" oder „öffentliche Fürsorge" die Bezeichnung „Sozialhilfe" getreten. Aus den gleichen Gründen wird anstelle des früheren Begriffes „Hilfsbedürftiger" die Bezeichnung „Hilfesuchender" oder „Hilfeempfänger" verwendet. Das Gesetz hat auch den Ausdruck „Geschlossene Pflege" oder „geschlossene Fürsorge" nicht übernommen und an seine Stelle „Hilfe in Anstalten, Heimen oder gleichartigen Einrichtungen" gesetzt.

---

[357] ebd.

[358] Schelllhorn, W.

3. Jugendstrafrecht

Kinder und Jugendliche sind, wenn sie eine mit Strafe bedrohte Handlung begangen haben, von jeher im allgemeinen milder beurteilt worden als Erwachsene. In der Vergangenheit machte sich lediglich langsam die Tendenz bemerkbar, die Altersgrenze, von der ab der Täter voll strafmündig erschien, nach oben zu verschieben.

Das Reichsstrafgesetzbuch von 1871 hatte noch das 12. Lebensjahr als Grenze und regelte das gesamte Jugendstrafrecht in nur drei Paragraphen.[359] Sonderbestimmungen für jugendliche Straftäter sind erst eine Errungenschaft des 20. Jahrhunderts.

Nach dem ersten Weltkrieg entschloß sich der damalige Reichsjustizminister Dr. Schiffer, zu einer selbständigen Behandlung des Jugendstrafrechts. Das Ergebnis war das Jugendgerichtsgesetz vom 16.02.1923. Dieses Gesetz berücksichtigte den Erziehungsgedanken des Täters: der Richter hatte, wenn er die Schuld des Täters festgestellt hatte, nunmehr zu prüfen, was zu geschehen sei, um den Täter vor weiteren Rückfällen zu bewahren und ihn wieder auf den rechten Weg zurückzuführen. Für kleinere Vergehen konnte er von der Strafe absehen und statt dessen Erziehungsmaßregeln anordnen und er hatte die Möglichkeit, eine Freiheitsstrafe auszusetzen.

Es wurden besondere Jugendgerichte eingeführt, mit erfahrenen Richtern, Jugendschöffen und Jugendstaatsanwälten. Mit der Einschaltung der Jugendgerichtshilfe konnten auch die Lebensverhältnisse der Jugendlichen besser erforscht werden.

Bald nach 1923 setzten die Erörterungen über eine Weiterbildung des Jugendstrafrechts wieder ein. Eine Fortentwicklung des Gesetzes führte zum Reichsjugendgerichtsgesetz von 1943.

Dieses Gesetz läßt zwar nationalsozialistisches Denken erkennen, etwa in der Herabsetzung der unteren Altersgrenze auf 12 Jahre, im Vergleich zu dem Gesetz von 1923 sind aber erhebliche Fortschritte erkennbar. Nach diesem Gesetz sollte der Jugendliche nicht mehr wie ein kleiner Erwachsener, sondern jugendgemäß, nach seinem Entwicklungsstand beurteilt werden. [360]

Nach mancherlei Vorarbeiten, die die im Gesetz vorhandenen nationalsozialistischen Gedanken beseitigten, sind dann in der Bundesrepublik Deutschland

[359] Langelüddeke, A., S.125-146
[360] ebd. S.128

neue Jugendgerichtsgesetze (JGG) am 4.8.1953 geschaffen worden,[361] die in der Neufassung vom 11.12.1974 und der Änderung dazu vom Dezember 1981 heute gültig sind.

Das Jugendstrafrecht kennt drei Altersgruppen:[362]

1. Kinder sind Minderjährige bis zur Vollendung des 14. Lebensjahres. Sie sind absolut strafunmündig. Sie können auf keinen Fall dem JGG unterworfen werden. Besteht Erziehungsbedürftigkeit, die nicht durch die Erziehungsberechtigten erfüllt wird, ist für sie der Vormundschaftsrichter zuständig.
2. Jugendliche sind Minderjährige, welche zur Zeit der Tat 14, aber noch nicht 18 Jahre alt sind. Sie unterliegen ausnahmslos dem JGG und sind damit relativ strafmündig. Nach § 3 JGG muß in jedem Einzelfall die Schuldfähigkeit des Jugendlichen festgestellt werden, und zwar nach seiner geistigen und sittlichen Entwicklung.
3. Heranwachsende sind Volljährige, die zur Zeit der Tat 18, aber noch nicht 21 Jahre alt sind. Sie sind absolut strafmündig und der § 3 JGG findet auf sie keine Anwendung. Bei ihnen muß dagegen geprüft werden, ob die Persönlichkeit des Täters bei Berück-sichtigung auch der Umweltbedingungen erkennen läßt, dass er zur Zeit der Tat nach seiner sittlichen und geistigen Entwicklung noch einem Jugendlichen gleichstand. Ist dies der Fall, wendet der Richter die für einen Jugendlichen geltenden Vorschriften an. Ist dies nicht der Fall, findet das allgemeine Strafrecht der Erwachsenen auf sie Anwendung.

Nach §7 des JGG können Maßregeln zur Besserung und Sicherung im Sinne des allgemeinen Strafrechts angeordnet werden. Dazu gehört die Unterbringung in einem psychiatrischen Krankenhaus oder einer Entziehungsanstalt. Der Richter kann nach §8 des JGG Erziehungsmaßregeln und Zuchtmittel anordnen. Erziehungsmaßregeln sind:

1. Erteilung von Weisungen (Gebote und Verbote, welche die Lebensführung des Jugendlichen regeln und dadurch seine Erziehung fördern und sichern sollen).
2. Erziehungsbeistandschaft
3. Fürsorgeerziehung

---

[361] ebd. S.128

[362] Spann, W., S.374

Schuldunfähigkeit besteht unabhängig von den gemachten Ausführungen nach § 20 Strafgesetzbuch (StGB), wenn seelische Störungen des Täters bestehen: „Ohne Schuld handelt, wer bei der Begehung der Tat wegen einer krankhaften seelischen Störung, wegen einer tiefgreifenden Bewußtseinsstörung oder wegen Schwachsinns oder einer schweren anderen seelischen Abartigkeit unfähig ist, das Unrecht der Tat einzusehen oder nach dieser Einsicht zu handeln."

Neben der Aufnahme eines Kranken in psychiatrische Behandlung aufgrund einer vorliegenden Einverständniserklärung der Eltern oder Einverständnis des Vormundes oder Pflegers mit vormundschaftlicher Zustimmung, ist die Aufnahme aufgrund folgender gesetzlicher Bestimmungen möglich:

§ 81	StPO -	Unterbringung zur Beobachtung des Beschuldigten
§ 656	ZPO -	Unterbringung zur Beobachtung
§ 63	StGB -	Unterbringung in einem psychiatrischen Krankenhaus
§ 64	StGB -	Unterbringung in einer Entziehungsanstalt
§ 126a	StPO -	Einstweilige Unterbringung

Darüber hinaus sieht das „Hessische Gesetz über die Entziehung der Freiheit geisteskranker, geistesschwacher, rauschgift- oder alkoholsüchtiger Personen" die zwangsweise Unterbringung vor.[363]

[363] Der Hessische Minister des Innern. Hessisches Freiheitsentziehungsgesetz (1981). Rechtsgrundlagen zum Gesetz über die Entziehung der Freiheit geisteskranker, geistesschwacher, rauchgift- oder alkoholsüchtiger Personen vom 19. Mai 1952.

4. Hessisches Freiheitsentziehungsgesetz (HFEG)

Zur Unterbringung psychisch Kranker in ein psychiatrisches Krankenhaus, die meist mit einer Freiheitsentziehung des psychisch Kranken einhergeht, kommen unterschiedliche Rechtsgrundlagen in Betracht: Die strafrechtliche Unterbringung nach den Regelungen des StGB, die zivilrechtliche Unterbringung im Rahmen einer gerichtlich angeordneten Betreuung und die öffentlich rechtliche Unterbringung, aufgrund landesrechtlicher Regelungen. Für Hessen ist die Entziehung der Freiheit geisteskranker, geistesschwacher, rauschgift- oder alkoholsüchtiger Personen, in dem hessischen Freiheitsentziehungsgesetz vom 19. Mai 1952 geregelt [364], das in den Folgejahren einige Änderungen erfuhr.

Nach § 1 Abs.1 und 2 des HFEG ist der schwerwiegende Eingriff, den eine Freiheitsentziehung darstellt, nur bei einer erheblichen Gefahr für die Mitmenschen oder für den Betroffenen selbst zulässig. Die zwangsweise Unterbringung ist nur zulässig, wenn die aus dem Geisteszustand oder der Sucht des Betroffenen drohende Gefahr nicht anders abgewendet werden kann.[365]

In anderen Bundesländern gibt es außerdem noch landesrechtliche Regelungen über Hilfen für psychisch Kranke (PsychKG). Diese Gesetze sind eine Weiterentwicklung der landesrechtlichen Regelungen zur

- Unterbringung
- Fürsorge für psychisch Kranke

Auch die Kooperation und Koordination psychiatrischer Dienste und Planungsziele zur Schaffung gemeindenaher Versorgungsstrukturen sind darin aufgenommen.

Dem psychisch Kranken wird darin ein Recht auf Behandlung (während der Unterbringung) sowie auf vorsorgende und nachgehende Hilfen eingeräumt. Damit soll eine Unterbringung möglichst auch verhindert werden. Hier besteht ein wichtiger Handlungsbedarf für Hessen, um baldmöglichst ein PsychKG zu schaffen.

---

[364] ebd. S.111

[365] ebd. §1.1

Zusammenfassung

Die 90jährige Geschichte der institutionellen Kinder- und Jugendpsychiatrie in Hessen beginnt um 1900, seitdem sich für Emil Sioli, den Direktor der Anstalt für Irre und Epileptische in Frankfurt zunehmend zeigte, dass immer mehr jugendliche „nerven- und geisteskranke Individuen“ in der Anstalt versorgt werden mußten.[366]

Besonderer medizinischer und pädagogischer Fürsorge bedurfte die „Kategorie“ von Jugendlichen mit dauernden antisozialen Neigungen und Trieben (Moral Insanity), die seit Einführung des Fürsorgegesetzes über einen Gerichtsbeschluss den Landesbehörden zur pädagogischen oder medizinisch / pädagogischen Fürsorgeerziehung übergeben wurden.[367]

Ab diesem Zeitpunkt ist die Weiterentwicklung der Kinder- und Jugendpsychiatrie geprägt von zahlreichen starken Kinderpsychiaterpersönlichkeiten, die sich in besonderer Weise für die Bedrängnisse problemhafter Kinder und ihrer Eltern einsetzten und unverändert bis zur gegenwärtigen Zeit, an der Fortentwicklung des Faches arbeiten.

Die Verbrechen der nationalsozialistischen Anstaltspsychiatrie und der Umgang mit „erziehungsschwierigen“ Jugendlichen in „Jugendschutzlagern“ in dieser Zeit, machte alle wohlbedachten und sozialtherapeutischen Ansätze zunichte und belastete die institutionelle Psychiatrie im Erwachsenenbereich und Kinder- und Jugendlichen- Bereich schwer.

„Bei Kriegsende war der Zustand der psychiatrischen Krankenversorgung im Gebiet des Reiches desolat“[368]. „Der Psychiatrie haftete weiterhin der Ruf an, sich mit Kranken zu beschäftigen, deren Leben eigentlich nicht lebenswert sei, die zumindest nicht erfolgreich behandelt werden könnten.“ Hinzu kommt „was häufig übersehen worden ist, was die Psychiatrie aber zwangsläufig für eine Generation daran hindern mußte, sich den Bedürfnissen ihrer Kranken und den Möglichkeiten der modernen Medizin entsprechend zu entfalten: Die Psychiater waren mitschuldig oder sie waren emigriert. In Deutschland hatten sie sich auf andere Gebiete der Medizin zurückgezogen. So kam es, dass Krankenhäuser und

366 Sioli, E., Denkschrift.
367 ebd. S.5 und 7
368 Finzen, A., S.9

Lehrstühle über Jahre hinaus mit im Grunde fachfremden Direktoren besetzt wurden."[369]

Der hessische Kinder- und Jugendpsychiater W. Villinger, der im September 1946 an die Universität Marburg berufen wird, wird in einer 1994 erschienenen Abhandlung über „die Geschichte der Kinder- und Jugendpsychiatrie seit 1933 am Beispiel Hamburgs" schwer der Mittäterschaft belastet.[370] Villinger hat seine Karriere nach dem Krieg ungehindert fortsetzen können. 1961, zwei Wochen nach seiner Vernehmung wegen Beteiligung an der „Euthanasie"- Aktion T4, stürzte Villinger bei einer Bergtour in den Alpen zu Tode.[371]

1947 war durch Werner Villinger eine kinder- und jugendsychiatrische Abteilung an der Universitäts-Nervenklinik eingerichtet worden und 1950 in Frankfurt durch Jürg Zutt. Daraus entstehen die ersten selbständigen Lehrstühle des Faches 1954 in Marburg mit Hermann Stutte und 1964 in Frankfurt mit Hubert Harbauer.[372]

Ende 1969 wird eine eigene Gebietsbezeichnung „Kinder- und Jugendpsychiatrie" für Hessen eingeführt und das Fachgebiet definiert „Das Fachgebiet der Kinder- und Jugendpsychiatrie umfaßt alle Maßnahmen der Erkennung, der nicht-operativen Behandlung, der Prävention, der Rehabilitation und der Begutachtung bei psychischen, psychosomatischen und neurologischen Erkrankungen oder Störungen sowie bei psychischen und sozialen Verhaltensauffälligkeiten im Kindes- und Jugendalter."[373]

In den Jahren 1969 bis 1974 werden fünf kinder- und jugendpsychiatrische Kliniken vom Landeswohlfahrtsverband Hessen eingerichtet, der 1953 gegründet worden war.[374]

Der „Bericht der Sachverständigenkommission über die Lage der Psychiatrie in der Bundesrepublik" wird im November 1975 mit einem Schreiben des Bundesministers für Jugend, Familie und Gesundheit dem Deutschen Bundestag zugeleitet, in dem neben einer Zustandsbeschreibung der Psychiatrie, Grundsätze zur Neuordnung der psychiatrischen Versorgung formuliert sind.[375]

---

369 Finzen, A., S.10

370 Baumann, R. et al.

371 ebd. S.175

372 Rixner, W., S.415

373 Landesärztekammer Hessen, Weiterbildungsordnung für Ärzte 1970. Vorliegende Arbeit S. 41

374 vorliegende Arbeit S.45

375 vorliegende Arbeit S.77

1980 bis 1985 werden auf der Grundlage der Empfehlungen der Psychiatrie - Enquête in Modellregionen Veränderungen und Reformmaßnahmen im psychiatrischen Bereich modellhaft erprobt.[376] 1984 gibt der Vorstand der Deutschen Gesellschaft für Kinder- und Jugendpsychiatrie eine Denkschrift zur Lage der Kinder- und Jugendpsychiatrie in der Bundesrepublik heraus, um „das Ziel, Anliegen, Aufgaben, Probleme und Zukunftsperspektiven kinder- und jugendpsychiatrischer Tätigkeit einer breiteren Öffentlichkeit bekanntzumachen."[377] 1988 werden dann durch eine Beraterkommission „Leitlinien zu psychisch kranken Kindern und Jugendlichen" erstellt, die Aufgaben und Zielsetzungen kinder- und jugendpsychiatrischer Versorgung definieren.

Die Psychiatrie - Personalverordnung aus dem Jahre 1990 gibt dann endlich die notwendige Grundlage, um für eine ausreichende Personalversorgung in der Psychiatrie zu sorgen.[378]

Seit der Jahrhundertwende hat sich die Gesellschaft verändert und es haben sich auch die Probleme und Behandlungsindikationen der jugendlichen Patienten geändert.

Aktuelle empirische Befunde konstatieren eine steigende Zahl gesundheitlicher Risiken. „Mit sich verändernden Lebensbedingungen treten immer häufiger psychosoziale, psychosomatische sowie chronische Krankheiten und Beschwerden auf. Sie haben vielfach mit angespannten Familiensituationen, starkem Leistungsdruck in der Schule und unsicheren Übergangsmöglichkeiten in den Beruf zu tun. Leistungsmäßige Herausforderungen beanspruchen viele Jugendliche heute bis an die Grenzen ihrer Fähigkeiten, die sexuelle und die körperliche Entwicklung will gemeistert sein, die Ansprüche an eine frühe selbständige Lebensführung sind sehr hoch und die „Verlockungen" eines kommerzialisierten Freizeitmarktes groß. Hinzu kommen zahlreiche Umwelteinflüsse. Luft-, Wasser- und Bodenbelastungen sowie eine steigende Anzahl von Schadstoffen in den Nahrungs- und Genußmitteln haben Auswirkungen auf die Gesundheit auch schon der Jüngeren."[379]

Aus der Sicht der Jugendhilfe stellt sich die derzeitige Situation der Kinder- und Jugendlichen so dar:

---

[376] vorliegende Arbeit S.80
[377] vorliegende Arbeit S.80
[378] vorliegende Arbeit S.87
[379] Palentien, C., S.181

„ Auch kleine soziale Einheiten wie Familie und Nachbarschaft sind brüchiger geworden. Die Scheidungsraten steigen, ebenso die Zahl alleinerziehender Mütter und Väter. Berufliche Anforderungen und wechselnde persönliche Beziehungen verlangen persönliche Neuorientierung und sind häufig auch mit örtlichen Veränderungen verbunden. Das soziale Gefüge verändert sich nachhaltig, Kinder werden verunsichert. Kinder „erleiden" Veränderungen, die sie sich selber nicht heraussuchen und schon gar nicht beeinflussen können.

Viele Kinder wachsen als Einzelkinder auf, ihr Wohnumfeld ist oft anregungsarm oder für die Entwicklung sogar gefährlich. Andere Kinder treffen sie oft nur in der Schule oder in Einrichtungen. Erfahrungen, zusammen mit anderen etwas gestalten zu können, machen sie nur noch im Kindergarten, der Schule oder in der Jugendgruppe. Ansonsten dominieren Erfahrungen aus zweiter Hand. Nicht wenige Kinder verbringen mehr Zeit vor einem Monitor, als ihnen von Erwachsenen für gemeinsame Gespräche und Aktivitäten gewidmet wird. Nicht wenige Eltern und Pädagogen haben damit zugleich auch ihre Funktion als entscheidende Vermittler von Wissen, Verhaltensweisen und Wertorientierungen verloren. Pädagogen und Journalisten sprechen immer häufiger von der anwachsenden Aggressivität und Gewaltbereitschaft von Kindern und Jugendlichen.

Erziehung ist für Eltern und Profis schwieriger geworden. Der Schule und der Jugendhilfe sind heute grundlegende Sozialisationsfunktionen zugewachsen, Ärzte und Ärztinnen für Kinder- und Jugendpsychiatrie müssen sich mit diesen Aufgabenstellungen als Arzt, Psychotherapeut und Pädagoge auseinandersetzen und die interdisziplinäre Zusammenarbeit suchen, um die Vielfalt der Anforderungen bearbeiten zu können."[380]

In seiner Vorausschau auf die Kinder- und Jugendpsychiatrie des Jahres 2015, glaubt Remschmidt, dass es den „Allround - Kinder- und Jugendpsychiater" dann nicht mehr geben wird.[381] Es findet eine Spezialisierung in psychiatrische Teilgebiete oder Schwerpunkte statt. Der Kinder- und Jugendpsychiater ist entweder „Spezialist für Eßstörungen, für Psychosen, für Teilleistungsstörungen, für Probleme im Vorschulalter oder für Entwicklungskrisen in der Adoleszenz." „ Auch die Störungsbilder haben sich gewandelt. Die Beschäftigung von Kindern und Jugendlichen mit virtuellen Realitäten hat zu extremen Vereinzelungen geführt und zu Realitätsstörungen neuer Art."

---

[380] Schulz, H.

[381] Remschmidt, H., Entwicklungstendenzen der Kinder- und Jugendpsychiatrie. S.456

„Auch kinder- und jugendpsychiatrische Institutionen haben sich gewandelt. Es überwiegen die ambulanten Einrichtungen und Praxen, die ebenfalls stark spezialisiert sind. Bedeutsam zugenommen haben Tageskliniken als gemeindenahe und besonders effektive Behandlungsformen mit speziellen Behandlungsangeboten z.B. für Kinder mit Teilleistungsstörungen, Jugendliche mit Psychosen, Kinder mit überdauernden (pervasiven) Entwicklungsstörungen. Die Behandlung im häuslichen Milieu ist als alternative und kostengünstige Behandlungsform als Kassenleistung eingeführt. Der stationäre Bereich wurde erheblich reduziert. Akute Fälle sind kaum noch stationär unterzubringen und stets vom zuständigen Gericht zu genehmigen.[382]

Nach einer Studie im „Nordrhein-Westfälischen Forschungsverbund Public Health" an der Universität Bielefeld, über Gesundheitsrisiken und Strukturen der medizinischen und psychosozialen Versorgung von Kindern und Jugendlichen, stößt die Inanspruchnahme professioneller medizinischer und psychosozialer Hilfen auf Barrieren, die entstanden sind durch die nur wenig miteinander kooperierenden psychosozialen und medizinischen Dienste. Sollen diese Zugangsbarrieren überwunden werden, gehört es zu den wesentlichen Aufgaben aller an der medizinischen und psychosozialen Versorgung Beteiligten, sich - über die Grenzen ihrer eigenen Disziplinen hinweg - mit einer verstärkten Kooperation der verschiedenen Institutionen zu befassen.[383]

„Ziel muß es sein, unter Berücksichtigung der Vielzahl der heutigen und mehrfaktoriell bedingten Erkrankungen, zu einer multidisziplinären und multiperspektivischen Betrachtung der kinder- und jugendspezifischen Probleme zu gelangen."[384]

---

[382] ebd. S.456

[383] Palentien, C., S.185

[384] ebd. S.185

Abkürzungsverzeichnis

AMP	Arbeitsgemeinschaft für Methodik und Dokumentation in der Psychiatrie
Kinder-AMPD	Psychopathologische Befunddokumentation-Kinder, nach dem System der AMP
APA	American Psychiatric Association
BAG	Bundesarbeitsgemeinschaft der leitenden Ärzte kinder- und jugendpsychiatrischer Kliniken und Abteilungen
BfA	Bundesversicherungsanstalt für Angestellte
BKJPP	Berufsverband der Ärzte für Kinder- und Jugendpsychiatrie und –psychotherapie
BSHG	Bundessozialhilfegesetz
DGKJ	Deutsche Gesellschaft für Kinder- und Jugendpsychiatrie
DGPN	Deutsche Gesellschaft für Psychiatrie und Nervenheilkunde
DGKJ	Deutsche Gesellschaft für Kinder- und Jugendpsychiatrie
DGKJP	Deutsche Gesellschaft für Kinder- und Jugendpsychiatrie und –psychotherapie
DSM	Diagnostic and Statistical manual of Mental disorders
DSM-III-R	DSM-3rd edition, Revised (1987)
e. V.	Eingetragener Verein
HFEG	Hessisches Freiheitsentziehungsgesetz
HKHG	Hessisches Krankenhausgesetz
ICD	International Classification of Diseases - Internationale Klassifikation der Krankheiten der WHO
ICD-10	Internationale statistische Klassifikation der Krankheiten und verwandter Gesundheitsprobleme, 10.Revision (1994)
JGG	Jugendgerichtsgesetz
JWG	Jugendwohlfahrtsgesetz
KHG	Krankenhausfinanzierungsgesetz
KJHG	Kinder- und Jugendhilfegesetz
KJPK	Klinik(en) für Kinder- und Jugendpsychiatrie
LVA	Landesversicherungsanstalt
LWV	Landeswohlfahrtsverband
MAKS	Multiaxiales Klassifikationsschema nach Remschmidt und Schmidt
Psych-KG	Psychisch Kranken Gesetz – Gesetz über Hilfen und

	Schutzmaßnahmen für psychisch Kranke
Psych-PV	Verordnung über Maßstäbe und Grundsätze für den Personalbedarf in der stationären Psychiatrie (Psychiatrie-Personalverordnung) v. 18.12.1990
RJWG	Reichsjugendwohlfahrtsgesetz
RVO	Reichsversicherungsordnung
SGB	Sozialgesetzbuch
SGB VIII	Sozialgesetzbuch Achtes Buch – Kinder- und Jugendhilfe
StGB	Strafgesetzbuch
Stop	Strafprozeßordnung
WHO	World Health Organisation – Weltgesundheitsorganisation
z.B.	zum Beispiel
ZPO	Zivilprozeßordnung

Literatur

Anders, Werner
Ziele und Aufgaben einer neuen Statistik der Geisteskranken.
Bundesgesundheitsblatt 12: 177-184 (1958)

Asperger, Hans
Kinderpsychiatrie - Pädiatrie - Heilpädagogik.
Wiener klinische Wochenschrift 79: 906-912 (1967)

Barkey, Peter
Die Entwicklung der psychiatrischen Krankenhäuser Haina, Merxhausen / Emstal und Hofheim / Goddelau („Philippshospital") unter der Trägerschaft des LWV Hessen und seiner Rechtsvorgänger (1866-1982).
In: 450 Jahre Psychiatrie in Hessen. Hrsg. Walter Heinemeyer und Tilman Pünder.
(= Veröffentlichungen der Historischen Kommission für Hessen in Verbindung mit dem Landeswohlfahrtsverband Hessen, Bd.47)
Marburg: Elwert, 1983, S.349-374

Baumann, Ruth; Köttgen, Charlotte; Grolle, Inge; Kretzer, Dieter
Arbeitsfähig oder unbrauchbar ?
Die Geschichte der Kinder- und Jugendpsychiatrie seit 1933 am Beispiel Hamburgs.
(= Wissenschaft 10)
Frankfurt: Mabuse, 1994

Berger, Margarete
Die gegenwärtige Familiensituation aus kinderpsychiatrischer Sicht und ihre Auswirkungen auf die Persönlichkeitsentwicklung des Kindes.
Das öffentliche Gesundheitswesen 52: 530-533 (1990)

Biermann, Gerd
Zur Geschichte der analytischen Kinderpsychotherapie.
Monatsschrift für Kinderheilkunde 116: 41-49 (1968)

Blank, Rainer; von Voss, Hubertus
Interdisziplinäre Zusammenarbeit von Pädiater und Kinder- und Jugendpsychiater in der Sozialpädiatrie.
Sozialpädiatrie 16: 698-704 (1994)

Blanke, Uwe
Der Weg entsteht beim Gehen - Sozialarbeit in der Psychiatrie.
Bonn: Psychiatrie Verlag, 1995
(S.172 ff: Psychiatrie-Personalverordnung)

Blasius, Dirk
Der verwaltete Wahnsinn. Eine Sozialgeschichte des Irrenhauses.
Frankfurt: Fischer, 1980

Bossert,Otto; Bleckmann
Arzt und Erziehungsberatung.
Deutsche Medizinische Wochenschrift 43: 1457-1459 (1953)

Braum, Dagmar
Vom Tollhaus zum Kastenhospital.
(= Frankfurter Beiträge zur Geschichte, Theorie und Ethik der Medizin, Bd.5)
Frankfurt: Olms / Weidmann, 1986.

Bundesarbeitsgemeinschaft der Träger psychiatrischer Krankenhäuser in der BRD (Hrsg.)
Verzeichnis der psychiatrischen Krankenhäuser / Abteilungen (1993).
Bonn, 1993

Bundesminister für Gesundheit (Hrsg.)
Daten des Gesundheitswesens.
Bonn 1993
(= Schriftenreihe des Bundesministeriums für Gesundheit, Bd. 25)

Bundesminister für Gesundheit (Hrsg.)
Daten des Gesundheitswesens.
Bonn, 1995
(= Schriftenreihe des Bundesministeriums für Gesundheit, Bd. 51)

Bundesminister für Jugend, Familie, Frauen und Gesundheit (Hrsg.)
Aspekte der Versorgung spezieller Gruppen, Psychisch kranke Kinder und Jugendliche, Grundsätzliche Empfehlungen.
In: Empfehlungen der Expertenkommission der Bundesregierung zur Reform der Versorgung im psychiatrischen und psychotherapeutisch/psychosomatischen Bereich auf der Grundlage des Modellprogramms Psychiatrie der Bundesregierung.
Bonn, 1988

Bundesminister für Jugend, Familie, Frauen und Gesundheit (Hrsg.)
Achter Jugendbericht.
Bericht über Bestrebungen und Leistungen der Jugendhilfe.
(= Deutscher Bundestag, 11. Wahlperiode, Drucksache 11/6576)
Bonn, 1990

Bundesminister für Jugend, Familie und Gesundheit (Hrsg.)
Dritter Jugendbericht.
Bericht über Bestrebungen und Leistungen der Jugendhilfe gemäß § 25 Abs.2 des Jugendwohlfahrtsgesetzes.
Bonn, 1972

Bundesministerium der Justiz
Gesetz über die Berufe des Psychologischen Psychotherapeuten und des Kinder- und Jugendlichenpsychotherapeuten, zur Änderung des Fünften Buches Sozialgesetzbuch und anderer Gesetze, vom 16. Juni 1998.
In: Bundesgesetzblatt I, Nr. 36: 1311-1321 (1998).
Bonn: Bundesanzeiger Verlagsgesellschaft, 1998.

Bundesministerium für Familie, Senioren, Frauen und Jugend (Hrsg.)
Neunter Jugendbericht.
Bericht über die Situation der Kinder und Jugendlichen und die Entwicklung der Jugendhilfe in den neuen Bundesländern.
Exkurs: Kinder- und Jugendpsychiatrie (S.545)
(= Deutscher Bundestag, 13.Wahlperiode, Drucksache 13/70)
Bonn (1994)

Bundesvereinigung Lebenshilfe für geistig Behinderte e.V. (Hrsg.)
Grundsatzprogramm der Lebenshilfe.
In: Fachdienst der Lebenshilfe, Marburg, Nr.3, S.10, 1991

Bundesvereinigung Lebenshilfe für geistig Behinderte e.V. (Hrsg.)
Denkschrift zur Frühförderung.
Frühe Hilfen für behinderte und von Behinderung bedrohte Säuglinge und Kleinstkinder
Sonderdruck, 3.Aufl., Marburg 1981

Casper, Waltraut
Mortalität und Morbidität im Kindes- und Jugendalter.
In: Tätigkeitsbericht 1993 des Bundesgesundheitsamtes
München: MMV Medizin Verlag, 1994 S.342-346

Claus, Jörg Christian
Medizingeschichte.
Wiesbaden: Medical Tribune, 1985 S.164-172

Cropp,-
Der Arzt.
In: Der Arzt. Hrsg. Gütt,-,Reichs- und Preußisches Ministerium des Innern.
(= Handbücherei für den öffentlichen Gesundheitsdienst, Bd.3)
Berlin: C. Heymann, 1938

Deutscher Bundestag (Hrsg.)
Bericht über die Lage der Psychiatrie in der Bundesrepublik Deutschland - Zur psychiatrischen und psychotherapeutisch / psychosomatischen Versorgung der Bevölkerung (Psychiatrie - Enquête)
(= Deutscher Bundestag, 7. Wahlperiode 7/4200)
(S.233-246, Versorgung besonderer Altersgruppen - Versorgung psychisch auffälliger, gestörter und behinderter Kinder und Jugendlicher -)
Bonn, 1975

Dickel, Horst
„Die sind ja doch alle unheilbar."
Zwangssterilisationen und Tötung der „Minderwertigen" im Rheingau, 1934 - 1945.
Wiesbaden 1988 (= Materialien zum Unterricht, Sekundarstufe I - Heft 77. Projekt „Hessen im Nationalsozialismus". Hrsg. Hessisches Institut für Bildungsplanung und Schulentwicklung)

Doenst, Harald; Heimbach, Gisela
Abschied nach 40 Jahren: Jugendhilfe und Altenhilfe.
In: 40 Jahre Landeswohlfahrtsverband Hessen, Info 3/93, S. 44-48, Kassel 1993

Englert, Ekkehart; Poustka, Fritz
Das Frankfurter Kinder- und Jugendpsychiatrische Dokumentationssystem - Entwicklung und methodische Grundlagen unter dem Aspekt der klinischen Qualitätssicherung.
Praxis der Kinderpsychologie und Kinderpsychiatrie 44: 158-167 (1995)

Erlenkämper, Arnold
Sozialrecht für Mediziner
Stuttgart; New York: Thieme, 1981

Eulner, Hans - Heinz
Die Entwicklung der medizinischen Spezialfächer an den Universitäten des deutschen Sprachgebietes.
(= Studien zur Medizingeschichte des neunzehnten Jahrhunderts Bd.4)
Stuttgart: Enke, 1970

Fachverbände Deutsche Gesellschaft für Kinder- und Jugendpsychiatrie und -psychotherapie (Hrsg.)
Berufsverband der Ärzte für Kinder- und Jugendpsychiatrie und -psychotherapie
Bundesarbeitsgemeinschaft der leitenden Ärzte kinder- und Jugendpsychiatrischer Kliniken und Abteilungen
Kinder- und Jugendhilfegesetz.
Pädiatrische Praxis 50: 654- 658 (1995 / 96)

Fegert, J.
Zur Vorgeschichte der Kinder- und Jugendpsychiatrie.
Zeitschrift für Kinder- und Jugendpsychiatrie 14:126-144 (1986)

Finzen, Asmus; Schädle - Deininger, Hilde
Die Psychiatrie - Enquête.
In: Unter elenden menschenunwürdigen Umständen
(= Werkstattschriften zur Sozialpsychiatrie Bd.25)
Wunstorf, Rehburg-Loccum: Psychiatrie Verlag, 1979, S.77-222

Finzen, Asmus
Medikamentenbehandlung bei psychischen Störungen.
Rehburg-Loccum: Psychiatrie Verlag, 1980
(S.13 f: Historische Vorbemerkung)

Finzen, Asmus
Die „Psychiatrische Praxis“: Wissenschaftlich, lesefreundlich.
Psychiatrische Praxis 24: 55 (1997)

Franz, Eckhart G.
Großherzoglich Hessisch ... 1806 - 1918.
In: Die Geschichte Hessens. 2. Aufl. Hrsg. Uwe Schultz
Stuttgart: Theiss, 1989, S.182-189

Frey, Gottfried
Hygienische Erziehung im Volksgesundheitsdienst
(= Handbücherei für den öffentlichen Gesundheitsdienst, Bd.12 Abt.A)
Berlin: C.Heymanns, 1940

Freyberg, Jutta von; Bromberger, Barbara; Mausbach, Hans
„Wir hatten andere Träume.“: Kinder und Jugendliche unter der NS-Diktatur.
Hrsg. Studienkreis deutscher Widerstand
Frankfurt : VAS, 1995

Freyberger, Harald J.
Buchbesprechung.
Remschmidt, Helmut; Schmidt, M.H. (Hrsg.)
Multiaxiales Klassifikationsschema für psychische Störungen des Kindes- und Jugendalters nach ICD-10 der WHO.
Psychiatrische Praxis 23: 9 (1996)

Fricke, Irmgard
Verzeichnis der Erziehungsheime und Sondereinrichtungen für Minderjährige in der Bundesrepublik Deutschland einschließlich Berlin (West). 8.Aufl., 1968
Hrsg. v. Geschäftsstelle des allgemeinen Fürsorgeerziehungstages Hannover-Kirchrode
(S.147-156: Heime für jugendpsychiatrische Beobachtung und Behandlung)

Guse, Martin
„Wir hatten noch gar nicht angefangen zu leben"
Katalog zur Ausstellung zu den Jugend - Konzentrationslagern Moringen und Uckermark 1940-1945.
Moringen/Liebenau: Lagergemeinschaft und Gedenkstätte KZ Moringen e.V., 1997

Guse, Martin; Kohrs, Andreas
Zur Entpädagogisierung der Jugendfürsorge in den Jahren 1922 bis 1945.
In: Soziale Arbeit und Faschismus. Hrsg. Otto, Hans-Uwe und Sünker, Heinz.
Frankfurt: Suhrkamp, 1989, S. 228-249

Hagen, Wilhelm
Was geht uns sonst noch an?.
Bericht der Tagung der Deutschen Gesellschaft für Kinderheilkunde vom 1. bis 4. September 1952.
Gesundheitsfürsorge 2: 156-158 (1952 / 53)

Hanselmann, Heinrich
Arbeitslehrkolonie und Beobachtungsanstalt „Steinmühle“.
In: Deutsche Anstalten für Schwachsinnige, Epileptische und psychopathische Jugendliche.
Redigiert von Stritter,- und Meltzer, Ewald, S. 77-80
Halle, 1912
(= Die Anstaltsfürsorge für körperlich, geistig, sittlich und wirtschaftlich Schwache im Deutschen Reiche in Wort und Bild 8. Abteilung)

Heimbach, Gisela
Heilpädagogische Einrichtungen - Ein Kind der 80er Jahre.
In: 40 Jahre Landeswohlfahrtsverband Hessen, Info 3/93, S.31-33, Kassel 1993

Heimbach, Gisela; Winter, Bettina
Keine gesetzliche Pflichtaufgabe - Die Gedenkstättenarbeit des LWV.
In: 40 Jahre Landeswohlfahrtsverband Hessen, Info 3/93, S.34-37, Kassel 1993

Heimbach, Gisela; Hübner, Joachim
Psychiatrie: Vom Bettensaal zur Gemeindepsychiatrie.
In: 40 Jahre Landeswohlfahrtsverband Hessen, Info 3/93, S.24-30, Kassel 1993

Hennies, G.
Rechtsgrundlagen der Begutachtung im System der sozialen Sicherung und Wiedergutmachung.
In: Medizinische Begutachtung. Grundlagen und Praxis. Hrsg. Marx, Hans Hermann.
Stuttgart: Thieme, 1977, S.8-63

Hessischer Kultusminister (Hrsg.)
Schulpsychologischer Dienst in Hessen - Auskunft - Beratung - Betreuung.
Wiesbaden: Koehler & Hennemann, 1979

Hessischer Minister des Innern (Hrsg.)

- Erziehungsberatungsstelle Marburg.
  Staatsanzeiger für das Land Hessen Nr. 33: 324 (1950)
- Richtlinien für die Erziehungsberatungsstellen.
  Staatsanzeiger für das Land Hessen Nr. 16: 371-372 (1956)
- Jugendplan des Landes Hessen.
  Staatsanzeiger für das Land Hessen Nr. 32: 925-926 (1958)
- Richtlinien für Erziehungsberatungsstellen.
  Staatsanzeiger für das Land Hessen Nr. 51: 2391-2392 (1980)

Hessischer Ministerpräsident und
Hessische Ministerin für Umwelt, Energie, Jugend, Familie und Gesundheit (Hrsg.)
Gesetz zur Änderung der Ausführungsvorschriften zum Kinder- und Jugendhilfegesetz, zum Jugendschutzgesetz und des Ausbildungsförderungsgesetzes.
Gesetz- und Verordnungsblatt für das Land Hessen Teil I: 58- 60 (1996)

Hessisches Kultusministerium (Hrsg.)
Hessisches Schulgesetz vom 17.6.1992.
Gesetz- und Verordnungsblatt für das Land Hessen Teil I, Nr.15: 233-668 (1992)

Hessisches Ministerium für Jugend, Familie und Gesundheit und
Hessisches Ministerium für Frauen, Arbeit und Sozialordnung und
Landeswohlfahrtsverband Hessen (Hrsg.)
Informationen über Frühförderangebote in Hessen.
Geschäftsstelle Frühförderung beim LWV Hessen, Kassel 1994

Hessisches Sozialministerium (Hrsg.)
Richtlinien für Erziehungsberatungsstellen.
Staatsanzeiger Nr.45: 2222-2223 (1990)

Höger, Chr.
Wer geht in Behandlung? Einflußgrößen auf das Inanspruchnahmeverhalten bei psychischen Problemen von Kindern und Jugendlichen.
Praxis der Kinderpsychologie und Kinderpsychiatrie 44: 3-8 (1995)

Kaminer, Isidor J.
Psychiatrie im Nationalsozialismus.
Das Philippshospital in Riedstadt (Hessen).
(= Wissenschaft 31)
Frankfurt: Mabuse, 1996
(Zugleich med. Diss. Frankfurt a. Main, 1996)

Kassenärztliche Bundesvereinigung, Verband der Angestellten Krankenkassen, Arbeiter- Ersatzkassen - Verband (Hrsg.)
Sozialpsychiatrie - Vereinbarung.
Deutsches Ärzteblatt 91: 1988-1990 (1994)

Klein, Thomas
Hessen, Nassau, Frankfurt unter dem preußischen Adler 1867-1933.
In: Die Geschichte Hessens. 2.Aufl. Hrsg. Uwe Schultz
Stuttgart: Theiss, 1989, S.204-216

Kleist, Karl
Emil Sioli, Nachruf.
Allgemeine Zeitschrift für Psychiatrie und Psychisch-Gerichtliche Medizin 78: 428-431
(1922)

Kindt, Hiltrud
Vorstufen der Entwicklung zur Kinderpsychiatrie im 19. Jhdt.
Freiburg i. Breisgau 1971. (= Freiburger Forschungen zur Medizingeschichte. N.F.1.) (Zugleich med. Diss. Freiburg i. Br. 1971.)

Klüppel, Manfred
„Euthanasie“ und Lebensvernichtung 1933-1945 - Auswirkungen auf die Landesheilanstalten Haina und Merxhausen.
In: 450 Jahre Psychiatrie in Hessen. Hrsg. Walter Heinemeyer und Tilman Pünder
(= Veröffentlichungen der Historischen Kommission für Hessen in Verbindung mit dem Landeswohlfahrtsverband Hessen Bd. 47)
Marburg, 1983, S.321-348

Koch, Fritz
Zutt, Jürg
In: Frankfurter Biographie, Personengeschichtliches Lexikon. Hrsg. Wolfgang Klötzer, Bd.2
Frankfurt am Main: Waldemar Kramer, 1996, S.585
(= Veröffentlichung der Frankfurter Historischen Kommission, Bd.19/2)

Krauss, Rose - Marie, von
Demokratische Sozialpolitik.
In: 40 Jahre Landeswohlfahrtsverband Hessen, Info 3/93, S.19-23, Kassel 1993

Laehr, Hans
Die Anstalten für psychisch Kranke in Deutschland, Deutsch-Österreich, der Schweiz und den baltischen Ländern.
Berlin: Reimer, 1907

Landesärztekammer Hessen (Hrsg.)
- Berufsordnung für die Ärzte in Hessen (Teil II) Weiterbildungsordnung vom 18.01.1974.
- Frankfurt am Main, 1974.
  (S.11 f: Abschnitt 2.10. Kinder- und Jugendpsychiater)
- Berufsordnung, Teil 2 Weiterbildungsordnung vom 26.11.1977.
  Frankfurt am Main, 1977
  (S.13: Abschnitt 2.11. Kinder- und Jugendpsychiatrie)
- Berufsordnung für die Ärztinnen und Ärzte in Hessen, Teil II Weiterbildungsordnung vom 02.09.1988.
  Frankfurt am Main, 1988
  (S.19: Abschnitt 2.12. Kinder- und Jugendpsychiatrie)
- Richtlinien über den Inhalt der Weiterbildung in Gebieten, Teilgebieten und Bereichen vom 04.04.1981.
  Frankfurt am Main, 1981
  (S.20 f: Abschnitt 1.11. Kinder- und Jugendpsychiatrie)
- Richtlinien über den Inhalt der Weiterbildung in Gebieten, Teilgebieten und Bereichen vom 08.07.1988.
  Frankfurt am Main, 1988
  (S. 26 f: Abschnitt 1.12. Kinder- und Jugendpsychiatrie)

- Richtlinien über den Inhalt der Weiterbildung in Gebieten, Fachkunden, Fakultativen Weiterbildungen, Schwerpunkten und Bereichen, gemäß § 4 Abs.4 und § 15 Abs. 2 der Weiterbildungsordnung für Ärztinnen und Ärzte in Hessen vom 1.1.1995.
  Frankfurt am Main, 1995
  (S.31 f: Abschnitt 1.16. Kinder- und Jugendpsychiatrie und -psychotherapie)
- Weiterbildungsordnung für die Ärzte in Hessen vom 29.07.1985.
  Frankfurt am Main, 1985
  (S.35 f: Abschnitt 1.12. Kinder- und Jugendpsychiatrie)

Landeswohlfahrtsverband Hessen (Hrsg.)

- Die Entwicklung der psychiatrischen Krankenhäuser und Kliniken für Kinder- und Jugendpsychiatrie 1972 -1992.
  (= LWV, Dezernat Psychiatrieplanung, Krankenhäuser) Kassel, 1992.
- Gemeindepsychiatrie 1 - 6
  (= Der LWV informiert: 1. Psychiatrische Krankenhäuser, 2. Tageskliniken, 3. Institutsambulanzen, 4. Behandlung Abhängigkeitskranker, 5. Behandlung psychisch kranker alter Menschen, 6. Kliniken für Kinder- und Jugendpsychiatrie)
  Kassel: Hof- und Waisenhaus - Buchdruckerei, 1993
- Grundsätze für die Weiterentwicklung der psychiatrischen Versorgung in Hessen.
  Kassel: Werbedruck GmbH Horst Schreckhase, 5. Aufl., 1994
- Kliniken für Kinder- und Jugendpsychiatrie.
  (= Dezernat 31)
  Kassel, 1995.
- Klinik für Kinder- und Jugendpsychiatrie Kassel.
  Sonderdruck aus LWV-Info 4, 1991
- Perspektiven für die Schaffung von Lebensräumen für psychisch kranke / seelisch behinderte Menschen in der Gemeinde.
  Kassel: Gebr. Zahnwetzer, 1994
- Psychiatrische Krankenhäuser und Kliniken für Kinder- und Jugendpsychiatrie des LWV Hessen 1985 - 1989. Ein Rückblick auf die 9. Wahlperiode der Verbandsversammlung 1985-1989.
  Kassel: Thiele und Schwarz, 1990

- Psychiatrie 2000. Aufgabenstellung, Struktur und Bettenzahl der Psychiatrischen Krankenhäuser und Kliniken für Kinder- und Jugendpsychiatrie. Vorschläge zur 3. Fortschreibung des Krankenhausplanes des Landes Hessen.
  Kassel: Hans Meister, 1992
- Qualitätssicherung im Psychiatrischen Krankenhaus.
  Ein Tagungsbericht. (= Dezernat „Psychiatrieplanung/Krankenhäuser")
  Kassel: Grunewald, 1996
- 40 Jahre Landeswohlfahrtsverband Hessen.
  Info 3, 1993
  Kassel: Hof- und Waisenhaus - Buchdruckerei, 1993

Langelüddeke, Albrecht
Gerichtliche Psychiatrie.
Berlin: De Gruyter, 1971
(S. 125-145: Die strafrechtliche Behandlung der Jugendlichen und Heranwachsenden)

Lebenshilfe Ortsvereinigung Darmstadt e.V.
Der Mann der die „Lebenshilfe" erfand. Dr. Tom Mutters in Darmstadt.
Lebenshilfe, Ortsvereinigung Darmstadt, 1: 6 (1994)

Lempp, Reinhart
Grenzprobleme zwischen Kinder- und Jugendpsychiatrie und Jugendhilfe.
Zentralblatt für Jugendrecht 11: 429-436 (1985).

Lempp, Reinhart
Seelische Behinderung als Aufgabe der Jugendhilfe. § 35a SGB VIII.
Stuttgart, München, Hannover, Berlin, Weimar, Dresden: Boorberg, 3.Aufl., 1995
(= Praxis der Jugendhilfe. Hrsg. v. Wolfgang Gernert)

Lutz, Josef
Kinder - und Jugendpsychiatrie im Überblick.
Schweizerische medizinische Wochenschrift 100: 885 - 889 (1970).

Lyons, Albert S.
Das 19. Jahrhundert.
In: Die Geschichte der Medizin im Spiegel der Kunst.
Hrsg.: Albert S. Lyons und R. Joseph Petrucelli II.
Köln: Du Mont, 1980

Martinius, Joest
Diagnostische und therapeutische Sichtweisen im Wandel: biologisch-psychiatrische Aspekte.
Praxis der Kinderpsychologie und Kinderpsychiatrie 39: 353-357 (1990)

Maser, Wolfgang
Der schulärztliche Dienst in Wiesbaden von 1896 bis 1996.
In: 100 Jahre für die Gesundheit der Kinder. Der schulärztliche Dienst in Wiesbaden von 1896 bis 1996. Hrsg.: Magistrat der Landeshauptstadt Wiesbaden, Gesundheitsamt.
Wiesbaden: Dinges & Frick, 1996

Mausbach, Hans; Mausbach Bromberger, Barbara
Feinde des Lebens. NS-Verbrechen an Kindern.
Frankfurt am Main: Röderberg, 1979

Montada, Leo
Ein Abriß der Geschichte der Entwicklungspsychologie.
In: Entwicklungspsychologie. Hrsg. Rolf Oerter und Leo Montada, 2. Aufl.
München / Weinheim: Psychologie Verlags Union, 1987

Müller - Brühn, Elisabeth
Geschichte und Entwicklung des Instituts für analytische Kinder- und Jugendlichen-Psychotherapie in Frankfurt a. Main.
In: Psychoanalyse in Frankfurt am Main: zerstörte Anfänge, Wiederannäherung, Entwicklungen. Hrsg. Thomas Plänkers.
Tübingen: Ed. Diskord, 1996

Müller - Küppers, Manfred
Der Kinderpsychiater als Vater - der Vater als Kinderpsychiater.
Praxis Kinderpsychologie Kinderpsychiatrie 34: 309-315 (1985)

Murken, Axel Hinrich
Kinderkliniken - einst und jetzt.
Das Krankenhaus 11: 415-425 (1975)

Nissen, Gerhardt
Psychopathologische Kasuistik.
Pädiatrische Praxis 23:393-394 (1980)

Nissen, Gerhardt
Hermann Emminghaus - ein Begründer der wissenschaftlichen Kinder- und Jugendpsychiatrie.
Zeitschrift für Kinder- und Jugendpsychiatrie 14: 81-87 (1986)

Nissen, Gerhardt
Kinder- und Jugendpsychiatrie - ein Luxusfach ?.
Zeitschrift für Kinder- und Jugendpsychiatrie 11: 205 - 207 (1983)

Oehme, Johannes
Die Anfänge der Kinderpsychologie.
Der Kinderarzt 18: 79-86 (1987)

Palentien, Ch.; Hurrelmann, Klaus
Gesundheitsprobleme und Strukturen medizinischer und psychosozialer Versorgung im Jugendalter.
Gesundheitswesen 56: 181-186 (1994)

Priebe, Stefan; Schmiedebach, Heinz - Peter
Soziale Psychiatrie und Sozialpsychiatrie - Zum historischen Gebrauch der Begriffe.
Psychiatrische Praxis 24: 3-9 (1997)

Pünder, Tilman
10 Jahre Kliniken für Kinder- und Jugendpsychiatrie des Landeswohlfahrtsverbandes Hessen.
In: 10 Jahre Kinder- und Jugendpsychiatrie. 1975-1985. Hrsg. Landeswohlfahrtsverband Hessen.
Kassel 1985, S.6-10

Raecke, Julius
Emil Sioli
Archiv für Psychiatrie und Nervenkrankheiten 67: 137-150 (1923)

Redlich, Fredrick C. , Freedman, Daniel X.
Theorie und Praxis der Psychiatrie Bd.1,1. Aufl.
Frankfurt am Main: Suhrkamp (= Suhrkamp Taschenbuch Wissenschaft Bd.148)
(S.53-123: Die Entwicklung der psychiatrischen Theorie und Praxis)

Remschmidt, Helmut
Entwicklungstendenzen der Kinder- und Jugendpsychiatrie.
Praxis der Kinderpsychologie und Kinderpsychiatrie 46: 445-458 (1997)

Remschmidt, Helmut
Grundsätze zur Versorgung psychisch gestörter Kinder und Jugendlicher.
Praxis der Kinderpsychologie und Kinderpsychiatrie 39: 338-347 (1990)

Remschmidt, Helmut
Historische Entwicklung der Kinder- und Jugendpsychiatrie.
In: Kinder- und Jugendpsychiatrie in Klinik und Praxis. Bd.I: Grundprobleme, Pathogenese, Diagnostik, Therapie. Hrsg. Helmut Remschmidt und Martin H. Schmidt. Stuttgart: Thieme, 1980, S.1-10

Remschmidt, Helmut
Klinik und Poliklinik für Kinder- und Jugendpsychiatrie.
Philipps - Universität Marburg, Fünfjahresbericht 1988-1992.
Marburg, 1993

Remschmidt, Helmut
Zur Identität des Kinder- und Jugendpsychiaters.
Zeitschrift für Kinder- und Jugendpsychiatrie 11: 97-99 (1983)

Rixner, Wolfram
Die Klinik für Kinder- und Jugendpsychiatrie „Hofheim" (Riedstadt).
In: 450 Jahre Psychiatrie in Hessen. Hrsg. Walter Heinemeyer und Tilman Pünder.
(= Veröffentlichungen der Historischen Kommission für Hessen in Verbindung mit dem Landeswohlfahrtsverband Hessen, Bd.47)
Marburg: Elwert, 1983, S.413-418

Rössler, W.; Salize, H. J.
Gesundheitsberichterstattung in der Versorgung chronisch psychisch Kranker.
Gesundheitswesen 58: 25-28 (1996)

Schellhorn, Walter
Das Bundessozialhilfegesetz.
Ein Kommentar für Ausbildung, Praxis und Wissenschaft. 15. Aufl.
Neuwied, Darmstadt: Luchterhand, 1997

Schirm, Hartmut
Qualitätssicherung im Jugendgesundheitsdienst
Gesundheitswesen 57: 725-728 (1995)

Schmid, Rudolf; Schmid, Ernst H.; Stürmer, Wilhelmine
Aufgaben und Zielsetzungen kinder- und jugendpsychiatrischer Versorgung-konzeptionelle Entwicklung und Rahmenbedingungen.
In: Modellprogramm Psychiatrie, Auszug aus der Prognos Studie, Empirische Grundlagen Teil C, i.A. des Bundesministeriums für Jugend, Familie, Frauen und Gesundheit.
Bonn, 1988, S.127-282.

Schönfelder, Thea
Diagnostische und therapeutische Sichtweisen im Wandel: Integrative Perspektiven.
Praxis der Kinderpsychologie und Kinderpsychiatrie 39: 364-367 (1990)

Schröder, Erich
Kompendium der Gesundheitsfürsorge.
Stuttgart: Thieme, 1959

Schulz, Hartmut
Jugendhilfe und Schule - mit mehr Kooperation gemeinsam die neuen Herausforderungen bestehen!
1995, (= Konzertierte Aktion Bundes Innovationen (KABI) 23, Projekt 23.11)

Schultz, Uwe
Die Geschichte Hessens.
2. Aufl., Stuttgart: Theiss, 1989

Setterobulte, W.
Wünsche und Wirklichkeiten: Regionale Strukturen der Kooperation und Koordination medizinischer und psychosozialer Versorgungsangebote für Kinder und Jugendliche.
Gesundheitswesen 57: 329-338 (1995)

Shorter, Edward
A history of psychiatry: from the era of the asylum to the age of Prozac.
New York: 1997

Sick, Dorothea
„Euthanasie" im Nationalsozialismus am Beispiel des Kalmenhofs in Idstein im Taunus.
Frankfurt 1983. (= Materialien zur Sozialarbeit und Sozialpolitik Bd.9.
Hrsg. v. Fachhochschule Frankfurt am Main, FB Sozialarbeit, FB Sozialpädagogik)

Siefert, Helmut
Emil Sioli und die Psychiatrie in Frankfurt am Main.
(Gekürzte Fassung eines Vortrages vom 12.Mai 1993 im Waldkrankenhaus Köppern)
(= Suleburc Chronik. Schriften zur Geschichte der Stadt Friedrichsdorf 26, Heft 6)
1995, S.14-18

Sioli, Emil
Necrolog Heinrich Hoffmann.
Allgemeine Zeitschrift für Psychiatrie und psychisch - gerichtliche Medizin 52: 695-700 (1896)

Sioli, Emil
Bericht über die Anstalt für Irre und Epileptische zu Frankfurt am Main vom 1. April 1906 bis 31. März 1908.
Frankfurt am Main: Mahlau und Waldschmidt, 1908

Sioli, Emil
Bericht über die Anstalt für Irre und Epileptische zu Frankfurt am Main vom 1. April 1908 bis 31. März 1910.
Frankfurt am Main, 1910

Sioli, Emil
Denkschrift betreffend die Jugendabteilung an der Anstalt für Irre und Epileptische zu Frankfurt am Main.
Frankfurt am Main: Reinhold Baist, 1909

Spann, Wolfgang
Die Rechtsstellung des Kindes in Deutschland und ihre Bedeutung in der ärztlichen Praxis.
Pädiatrische Praxis 41: 373-380 (1990 / 91)

Specht, Friedrich
Die Zusammenarbeit der beteiligten psychosozialen Systeme bei der Versorgung psychisch gestörter Kinder und Jugendlicher.
Praxis der Kinderpsychologie und Kinderpsychiatrie 39: 347-353 (1990)

Stender, Wolf
Hundert Jahre „ Klinik Wiesengrund “.
Eine medizinhistorische Untersuchung zur Entwicklung der Kinder- und Jugendpsychiatrie
Med. Diss., Berlin, 1982

Stober, Bernt
Kinder- und Jugendpsychiatrie am Gesundheitsamt - eine Bestandsaufnahme.
Öffentliches Gesundheitswesen 52: 530-533 (1990)

Stösser, Dieter; Klosinski, Gunther
Die Eingangssituation in einer kinder- und jugendpsychiatrischen Poliklinik.
Praxis der Kinderpsychologie und Kinderpsychiatrie 44: 72-80 (1995)

Stritter,-; Meltzer, Ewald
Deutsche Anstalten für Schwachsinnige, Epileptische und Psychopathische Jugendliche
Halle: Marhold, 1912

Stürmer, Wilhelmine
Vorwort.
In: Einrichtungsdokumentation 1981. Bestandsaufnahme der psychiatrischen, psychotherapeutischen und psychosozialen Einrichtungen und Dienste der 14 Modellregionen.
(= Bericht Nr.4 der Prognos AG zum Modellprogramm Psychiatrie der Bundesregierung, i.A. des Bundesministers für Jugend, Familie und Gesundheit, Bonn.)
Basel / Köln, 1983, S.1-2

Stutte, Hermann
Über die Anfänge der „Europäischen Kinderpsychiatrie".
Acta paedopsychiatrica 46: 189-192 (1980/81)

Stutte, Hermann
Möglichkeiten zur Prävention geistiger Behinderungen.
Hessisches Ärzteblatt 28: 97-105 (1967)

Theopold, Wolfgang
Vorsorgeuntersuchungen bei Kindern.
Pädiatrische Praxis 21: 397-406 (1979)

Tölle, Rainer
150 Jahre Magna Charta der Psychiatrie.
Deutsches Ärzteblatt 92: 1756 -1757 (1995)

Tramer, Moritz
Zur Entwicklung der Kinderpsychiatrie.
Acta paedopsychiatrica 27: 238-251 (1960)

Trüb, C. L. Paul
Literarische Studie zur geschichtlichen Entwicklung der Begrifflichkeit (Definition) und Fachwörtlichkeit (Terminologie) Soziale Hygiene, Soziale Medizin und Medizin - Soziologie.
Öffentliches Gesundheitswesen 39: 233-246 (1977)

Vanja, Christina
Für das Wohl des ganzen Landes. Über die historischen Hintergründe der Bildung des Landeswohlfahrtsverbandes Hessen.
In: 40 Jahre Landeswohlfahrtsverband Hessen, Info 3/93, S.12-17, Kassel 1993

Vogl, Maria
Ueber die moderne Kinderpsychiatrie.
Medizinische Klinik 25: 995-998 (1954)

Winter, Bettina
Die Heil- und Pflegeanstalt Heppenheim von 1914-1945 - Von der Krise in die Katastrophe.
In: Psychiatrie in Heppenheim. Streifzüge durch die Geschichte eines hessischen Krankenhauses 1866-1992. Kassel 1993. S. 63-93
(= Historische Schriftenreihe des Landeswohlfahrtsverband Hessen.
Hrsg. Landeswohlfahrtsverband Hessen. Bd.2.)

Winter, Sibylle M.; Knölker, Ulrich
Zum Berufsverständnis der Ärztinnen / Ärzte für Kinder - und Jugendpsychiatrie in den alten Bundesländern (1990)
Praxis der Kinderpsychologie und Kinderpsychiatrie 42: 208-215 (1993)